8754072R00095

Printed in Great Britain
by Amazon.co.uk, Ltd.,
Marston Gate.

با سپاس ویژه برای منشه امیر
به خاطر همدلی ها و یاری های صمیمانه اش

ویدا لوئیم

با سپاس و تشکر فراوان از خانم فروغ
حصید که مخارج این کتاب را پرداختند

KIP - Distribution

ISBN 978-965-7589-09-0

هنر آشپزی ایرانی
نویسنده: لویئم ویدا
تزیین غذاها برای عکس برداری: لویئم ویدا
عکاس: گری آبراموویچ
صفحه آرایی: بخش طراحی باروخ دونفلد

حق چاپ محفوظ است

سخنی از نویسنده

با درود فراوان بر شما خوانندگان گرامی و سپاس
از شما که این کتاب ر ا خریداری کرده اید

پس از خروجم در سال ۱۹۶۳ از ایران علاوه بر مشغله روزانه
همواره در خدمات اجتماعی نیز دست یاری بسوی سازمان ها
و تشکل های اجتماعی دراز کردم و هیچگاه از یاد نبردم و
همیشه در این خدمات نیز معرف رفتار ایرانی بودم .
اکنون که فرزندانم بزرگ شدند و صاحب نوه گردیده ام و
باصطلاح معروف در سومین دوره از حیات خویش بسر
میبرم و از تربیت فرزندانم فراغت بالی یافته ام به این اندیشه
افتادم که از طریق نوشتن کتاب اشپزی ایرانی بتوانم خوراک های
خوشمزه و متنوع لذیذ ایرانی را به دنیای خارج اشنا کنم .
در سال ۲۰۰۲- اولین کتاب اشپزی بنام نوشجان که با موفقیت زیادی روبرو
شد عرضه داشتم .
دومین کتابم بنام غذا های ایرنی با دستورات دیگری را تدوین کردم .
سومین کتابم بنام انواع و اقسام برنج ها که با موفقیت غیر قابل توصیف روبرو
شد و هزارها از این کتاب بچاپ رسید
چهارمین کتاب در باره سوپ ها و خورش ها را عرضه داشتم که معروفیت و
موفقیت بیشتری را کسب کردم .
این کتاب هم مانند کتاب های پیشین , با سعی و کوشش فراوان بسیار اماده
ساخته ام وتلاش کردم که بهترین و لذیذ ترین خوراک ها را از جمله خورش
ها , پلو ها , اش ها , و انواع واقسام طبخ ماهی ها , مرغ , گوشت و شیرینی
جات و ترشی جات را برای شما شرح دهم توصیه میکنم که پیش از پختن هر
یک از خوراک ها ویا شیرینی جات دستور تهیه انرا دوبار با دقت مطالعه کنید
و همچنین دستوراتی برای نگهداری برخی از خوراک ها و سبزی جات را
قید کرده ام .
برای برداشت دستورات بیشتری میتوانید از طریق یوتیوب ویدیو بادرس
leevim vida رجوع فرمایید .

برای همگان تندرستی و زندگانی
شاد و سعادتمندی را ارزو دارم.
لوییم ویدا

دستورات مهمی در فن آشپزی

- برای موفق شدن در آشپزی باید صبر و حوصله به کار انداخت.

- برای حل کردن شکلات آنها را خرد می کنیم، در کاسه ای می ریزیم، و کاسه را به روی ظرف آبی که روی آتش می جوشد می گذاریم، و بهم می زنیم تا شکلات حل شود.

- طریق دیگر اینکه با حرارت میکروگال حل می کنیم، و یا شکلات را خرد می کنیم، در ظرفی می ریزیم، و به روی آن آب جوش می ریزیم (بهم نمی زنیم) شکلات نرم می شود، آب را خالی می کنیم و شکلات آماده استفاده است.

- در هنگام پختن آش باید چند مرتبه آن را هم بزنیم، و آب و طعام آن را میزان کنیم.

- می توانیم حبوبات پخته را فریز کنیم.

- در هر دستور غذائی که مقیاس لیوان داده شده، منظور از لیوان معمولی که دارای گنجایش ۱۶ قاشق غذا خوری می باشد.

- برنج را سه تا چهار ساعت قبل از پختن با کمس نمک خیس می کنیم، سپس آن را می پزیم.

- برای پختن برنج از دیگ تفلون استفاده می کنیم امکان سوختن برنج کمتر است، و هم پخت برنج بهتر است. در پختن برنج هنگام جوشیدن دو تا سه مرتبه با قاشق چوبی هم می زنیم که نچسبد.

- بهترین طریق برای تمیز کردن دیگ تفلون از سرکه استفاده می کنیم.

- برای پختن گوشت گاو می توانید از دیگ زودپز استفاهد کنیم، و زمان پخت گوشت گاو بین ٤٥ دقیقه تا یک ساعت است.

- نکته ای که باید رعایت شود، هنگام پختن غذا در دیگ زودپز این است که بعد از زمین گذاشتن دیگ باید چند دقیقه ای صبر کنیم آن گاه سر دیگ را باز کرد.

- پختن غذا روی آتش ملایم غذا را خوشمزه تر می شود.

- اگر مقدار اندازه های زیاد است، می توانیم به اندازه نصف اکتفا کنیم.

- اگر مربا شکرک می زند دلیل زیادی بودن شکر است، آب جوش به آن اضافه می کنیم، و دومرتبه می جوشانیم.

- اگر ظرف مربا خشک نباشد، مربا ترشیده می شود.

- هنگام پختن مربا سر دیگ را نمی پوشانیم

- مرباجات را در دیگ لعابی یا نروستا می پزیم

- گلپر، زعفران، سماق، زرشک، لیموعمانی، پیاز خشک خرد شده، زیره کوبنده، زردچوبه، ادویه هائی است که در غذاهای ایرانی مصرف می شود

- در بعضی از غذاها استفاده از گرد نان نوشته شده می توانیم، موعد پسح از گرد مصا استفاده کینم. به این صورت که مصا را ماشین مجی میکس آرد کنیم.

- برای چرخ کردن آجیل و کشمش معجون می توانیم از مجی میکس استفاده کینم.

- برای اینکه زعفران را به آسانی بسائیم بهتر است آن را با کمی شکر مخلوط کنیم و بسائیم.

- برای آسان پوست کندن باقالی تازه از پوست دوم ده دقیقه در آب نمک می گذا ریم.

- برای تازه نگهداشتن سبزیها را در دیگ نروستا با گذاشتن سرپوش در یخچال نگه می داریم.

- برای نگهداری توت فرنگی مدت یک هفته آن در دیگ نروستا با سرپوش در یخچال نگه می داریم.

- اگر از بادمجان های کهنه برای سرخ کردن انتخاب کنیم، کمتر روغن مصرف می شود.

- برای پختن آبگوشت و یا خورش و کاشر بودن آنها اول گوشت یا مرغ را می جوشانیم، آب و کف آن را می ریزیم، دیگ را می شوئیم و سپس به پختن می پردازیم.

- گل هائی که می توانیم برای زینت غذا استفاده کنیم و خوردن آنها ضرر ندارد، گل بنفشه، گل جعفری، کل عطری، گل مرکبات، گل های سرخ از هر نوغ، گل کدو می باشند.

۱۸۰ درجه با ۳۴۰ فرنهایت است

فهرست

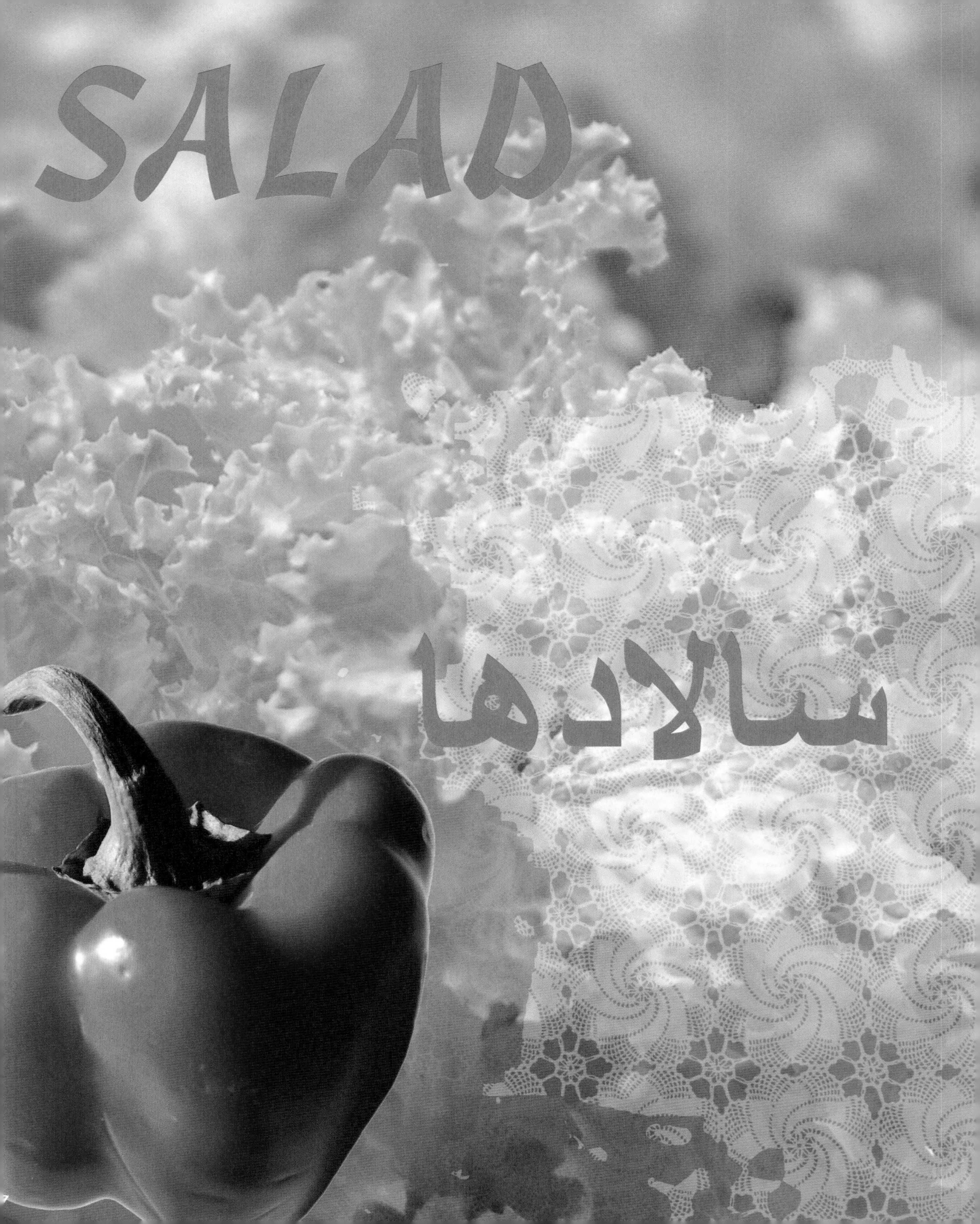

SALAD

سالادها

Seasonal salad

2   cucumbers
5   lettuce leaves
1   celery stalk
10 cherry tomatoes
2   green onions
5   fresh mushrooms
½   cup crushed pecan nuts
4   tablespoons cranberries

Salad dressing:

3 grated cloves of garlic
½ tablespoon tomato paste
½ cup apple cider vinegar
1 tablespoon mayonnaise
½ tablespoon sugar
2 tablespoons Soya sauce
Salt and pepper to taste

Method for salad:

The vegetables for the seasonal salad are
cut into large pieces.
Place in a bowl and mix.

Method for the dressing:

Mix the mayonnaise and cider vinegar.
Add tomato paste and mix.
Add the remainder of the ingredients.

سالاد فصل

دو عدد	خیار
پنج برگ	جوانه کاهو
یک شاخه	کرفس
ده عدد	گوجه فرنگی شری
دو عدد	پیازچه
پنج عدد	قارچ تازه
نیم لیوان	مغز گردو
چهار قاشق	زرشک

طرز تهیه سالاد :

البته می دانیم که سالاد فصل باید درشت خرد شود. بنابراین،
مواد لازم را درشت خرد میکنیم (در کاسه ای میریزیم) وبهم
میزنیم.

طرز تهیه سس :

سه دانه سیر رنده شده	نیم قاشق شکر
نیم لیوان سرکه سیب	دو قاشق سس سویا
یک قاشق مایونز	نیم قاشق رب گوجه فرنگی

مایونز و سرکه را با هم می زنیم، رب گوجه را اضافه می
کنیم، هنگامی که خوب مخلوط شد، مابقی را اضافه می کنیم.

Eggplant ord'oeuvre

2   eggplants
10   cherry tomatoes
½   tablespoon Persian lime powder
½   tablespoon chili sauce
4   cloves of chopped garlic
1   tablespoon tomato paste
     Oil as needed
     Salt, pepper and paprika to taste

Method :

Slice the eggplants, salt them and set them aside for half an hour, rinse and place in a sieve.
Fry them and place them in a bowl.
Add the Persian lime powder, salt, pepper, paprika, garlic and the chili sauce.
Slice the cherry tomatoes in half and place them in the bowl.
Mix all the ingredients together.
Dissolve the tomato paste in 1½ cups of water and pour it over the ingredients in the bowl.
Place all the ingredients in a small pot and cook on a low flame for 20 minutes until all the liquid has been absorbed.
Serve hot or cold.

اردور بادمجان

دو عدد	بادمجان
ده عدد	گوجه فرنگی شری
نیم قاشق	گرد لیمو عمانی
نیم قاشق	چیلی سس
چهار حبه	سیر خرد شده
یک قاشق	رب گوجه فرنگی
روغن، نمک، فلفل و پاپریکا به مقدار لازم	

طرز تهیه :

بادمجان ها را با پوست قاچ می کنیم و برای نیم ساعت نمک می زنیم و می شوئیم و در آبکش میگذاریم. بادمجان ها را سرخ می کنیم و در کاسه ای می ریزیم. گرد لیمو، چیلی، نمک، فلفل، پاپریکا و سیر را اضافه می کنیم. گوجه فرنگی ها را از وسط نصف می کنیم و همه را با هم مخلوط می کنیم. رب گوجه فرنگی را در یک و نیم لیوان آب حل می کنیم و به روی بادمجان ها در دیگ کوچکی به روی آتش میگذاریم و برای مدت بیست دقیقه با آتش ملایم می پزیم تا کم آب شود. می توانیم این اردور را گرم یا سرد سرو کنیم.
طریق دیگر برای دم کردن بادمجان ها آن است که می توانیم آنها را در ظرفی بچینیم و مواد لازم را به رویش بریزیم و مدت ٤٥ دقیقه در فر بگذاریم.

سالاد بادمجان

دو عدد	بادمجان متوسط
سه حبه	سیر
نصف لیوان	دانه انار
چهار قاشق	روغن زیتون
یک قاشق	آبلیمو
یک قاشق	گرد نعنا خشک
نمک و فلفل کوبیده به اندازه کافی	

طرز تهیه :

بادمجان ها را کبابی می کنیم، پوست آنها را می کنیم و روی تخته ساطور می کنیم. دانه های سیر را خرد می کنیم و در روغن داغ سرخ می کنیم. همه مواد را با هم مخلوط می کنیم، در بشقابی میریزیم آن را با برش های تربچه وپیازچه و تزیین میدهیم.

Eggplant salad

2	medium eggplants
3	cloves garlic
½	cup pomegranate seeds
4	tablespoons olive oil
1	tablespoon lemon juice
1	tablespoon dried mint powder
	Salt and coarsely ground pepper

Method:

Grill the eggplants whole.

Peel and slice.

Chop the garlic and fry in olive oil.

Add the remainder of the ingredients and eggplants and mix.

Place on a serving dish and garnish with radishes, green onions and parsley.

Eggplant and kashk

1 cup kashk mixed with water
3 medium sized eggplants
1/3 cup dried mint leaves
3 cloves of garlic
2 tablespoons olive oil
   Salt and pepper

Method:

Grill eggplant on an open flame
and peel and slice thinly.
Chop garlic and fry in the olive oil.
Add garlic to eggplant and mix.
Place eggplant on a flat serving
plate and decorate with tomato
slices.

کشک و بادمجان

کشک سائیده	یک لیوان
بادمجان	سه عدد
گرد نغناع خشک	یک قاشق
سیر	سه حبه
روغن زیتون	دو قاشق
	نمک و فلفل سیاه به مقدار لازم

طرز تهیه :

بادمجان ها را آتشی می کنیم، پوست آنها را می کنیم و
ساطوری می کنیم. دانه های سیر را خرد می کنیم ودر
روغن تفت می دهیم. همه مواد را با هم مخلوط می کنیم، و
در دیسی می ریزیم و روی آن را با حلقه های گوجه فرنگی
زینت می دهیم.

سالاد پنیر و بادمجان

دو عدد	بادمجان	
ثلث پوند	پنیر سفید قطعه شده	
پنج	حبه سیر	
نصف لیوان	مغز گردو	
دو عدد	پیازچه خرد شده	
دو قاشق	گوجه فرنگی خشک در روغن	
نصف لیوان	زیتون خرد شده	
سه قاشق	روغن زیتون	
چهارقاشق	آبلیمو	

کمی سس چیلی، نمک، فلفل و خردل

طرز تهیه :

بادمجانها را کبابی می کنیم و آنها را پوست کنده، و روی تخته ساطوری می کنیم. دانه های سیر را ریز می کنیم، در روغن سرخ کرده و بادمجانها را به سیر اضافه می کنیم و بعد از دو دقیقه از روی آتش برمی داریم. گوجه فرنگی را ریزریز می کنیم، و همه مواد را با هم مخلوط می کنیم. نمک و فلفل و سس چیلی و خردل به مقدار کافی می ریزیم. بعد از دو ساعت متوانید سرو کنید .

Eggplant and Cheese salad

2 eggplants
450.oz hard, salted, white cheese cut into cubes
5 cloves of garlic
½ cup broken pecan nuts
2 chopped scallions
2 tablespoons sun-dried tomatoes in olive oil
½ cup chopped olives (green or black)
3 tablespoons olive oil
4 tablespoons lemon juice
A little chili sauce
Salt, pepper and mustard

Method:

Grill the eggplants, peel and slice them thinly.
Chop the garlic and fry in all the olive oil.
Add the eggplants, fry for 2 minutes and remove from the stove.
Chop the sun-dried tomatoes and mix all the ingredients together.
Season with salt, pepper and mustard and serve after two hours after the flavors have been absorbed.

Eggplant and pomegranate salad

اردور بادمجان و انار

- 2 eggplants
- ½ cup pomegranate seeds
- ½ cup chopped fresh mint
- ½ cup chopped fresh parsley
- 3 cloves chopped garlic
- 3 tablespoons lemon juice
- 4 tablespoons olive oil
- Salt and pepper to taste

دو عدد بادمجان
نصف لیوان دانه انار
نصف لیوان نغنا خرد شده
نصف لیوان جعفری خرد شده
سه حبه سیر خرد شده
سه قاشق آبلیمو
چهار قاشق روغن زیتون
نمک و فلفل به قدر کافی

Method:

Grill the eggplants, peel and slice them thinly.
In the hot olive oil, fry the garlic, add the mint and parsley and fry lightly.
Remove from the flame.
In a bowl and mix all the ingredients together and serve cold.

طرز تهیه :

بادمجان ها را کبابی می کنیم، بعد از پوست کندن، آنها را ساطوری + می کنیم، با روغن داغ سیرها را سرخ می کنیم، و نعنا و جعفری را به آن اضافه می کنیم، با هم کمی سرخ می کنیم و از روی آتش بر می داریم. در کاسه ای همه را مخلوط می کنیم، نمک و فلفل می زنیم.

Eggplants with unripe grapes (Gure)

10 baby eggplants of even size
¼ cup unripe grape juice
2 chopped onions
2 tablespoons tomato paste
2 cups tomato juice
Oil for frying as needed
Salt, pepper and paprika

Method:

Remove the stalks and peel the baby eggplants leaving
some of the skin (peel in stripes).
Place a cut in the eggplants and salt the insides and
outsides.
Leave for an hour and rinse well, dry and fry.
Separately, fry the onions.
Place the eggplants with the fried in a pot.
Add tomato paste and tomato sauce.
Season with salt, pepper and paprika and stir.
Add unripe grape juice, cover and cook on a medium
heat for 45 minutes.
This stew can be served with white rice and meat
dishes.

غوره و بادمجان

ده عدد	بادمجان یک اندازه
ربع لیوان	آبغوره
دو عدد	پیاز خرد شده
دو قاشق	رب گوجه فرنگی
دو لیوان	آب گوجه فرنگی
روغن برای سرخ کردن، نمک، فلفل و پاپریکا به اندازه لازم	

طرز تهیه:

چوب بادمجان ها را می بریم و به شکل راه راه پوست می کنیم،
یک خط برش از قد داخل بادمجان ها می بریم که بتوانیم آنها را از
داخل نمک بزنیم. بعد از یک ساعت نمک کردن، آنها را می شوئیم،
خشک می کنیم و در روغن سرخ می کنیم. پیاز را همچنین سرخ
می کنیم. در دیگی پیاز را لابلای بادمجان ها می ریزیم، رب گوجه
فرنگی را با نمک و فلفل و پاپریکا مخلوط می کنیم و با آبغوره و آ
گوجه فرنگی همه را در دیگ   می ریزیم، با گذاشتن سرپوش سه
مدت ٤٥ دقیقه با آتش ملایم می پزیم.
غوره بادمجان را می توان با برنج سفید و نوعی از گوشت سرو
کرد.
اگر مایل باشید، می توانید از یک سوم لیوان غوره تازه استفاده کنیم.

* یرای غوره بادمجان، از بادمجان های کوچک استفاده می کنیم

beet ord'oeuvre

For each two guest use one beet and one egg.

3	medium-sized cooked beets
3	hard-boiled eggs
2-3	chopped lettuce leaves
1	tomato

Method :

Cut the beets in half and empty the contents.
Peel the eggs, cut in half and place in the hollow
beets.
Place the stuffed beets on the bed of chopped
lettuce and garnish with tomato slices.

اردور چغندر

(برای هر دو نفر یک چغندر و یک تخم مرغ لازم است)

سه چغندر	متوسط پخته شده
سه تخم مرغ	سفت شده
دو- سه برگ	کاهو ریز شده
یک عدد	گوجه فرنگی

طرز تهیه :

چغندرها را از وسط نصف می کنیم، داخل آنها را خالی می
کنیم. تخم مرغها را پوست می کنیم، از وسط نصف می کنیم
و داخل چغندرها میگذاریم. چغندرها را به روی برشهای
کاهو می چینیم و با برشهای گوجه فرنگی زینت می دهیم.

اردور کلم سنگ با هویج

دو عدد کلم سنگ
سه عدد هویج
ثلث لیوان جعفری خرد شده
نمک، فلفل، آبلیمو و روغن زیتون به مقدار لازم

طرز تهیه:

کلم سنگ ها را پوست می کنیم و خلال می کنیم، همانطور هویج ها را. در ظرفی همه مواد را با جعفری مخلوط می کنیم، سپس نمک، آبلیمو و روغن زیتون می ریزیم. بعد از یک ساعت قابل استفاده می باشد.

Turnip cabbage and carrot ord'oeuvre

2 turnip cabbages (kohlrabi)
3 carrots
1/3 cup chopped parsley
Salt, pepper, lemon juice and olive oil

Method :

Peel the kohlrabi and carrots and sliver them with a knife.
Mix all the ingredients in a bowl add salt, pepper, lemon juice and olive oil.
Serve after an hour.

Beet and carrot salad

2	cooked beets
1	carrot, grated coarsely
3	tablespoons vinegar
4	tablespoons lemon juice
1	tablespoon sugar
2	tablespoons olive oil
½	tablespoon ground Golpar
½	tablespoon lemon zest
3	cloves grated garlic

Method:
Peel and grate the beets coarsely.
In a bowl, mix in all the ingredients and leave
to absorb the flavors for 3-4 hours.

سالاد چغندر و هویج

دو عدد	چغندر پخته
یک عدد	هویج رنده شده درشت
سه قاشق	سرکه
چهار قاشق	آب لیمو ترش
یک قاشق	شکر
دو قاشق	روغن زیتون
نصف قاشق	گلپر کوبیده
نصف قاشق	پوست لیموی رنده شده
سه حبه	سیر رنده شده

طرز تهیه:
چغندر ها را پوست میکنیم ودرشت رنده میکنیم . در کاسه
ایی همه را با هم مخلوط میکنیم وبهم میزنیموبعد از سه تا
چهار ساعت قابل استفاده است .

Kohlarabi salad

2 kohlarabi
2 chopped celery stalks
2 chopped scallions
½ cup chopped fresh parsley
2 tablespoons mayonnaise
Salt, pepper and mustard.

Method:

Peel the Kohlarabi and grate coarsely.
Mix with the other ingredients.

سالاد کلم سنگ

دو عدد کلم سنگ
دو شاخه کرفس خرد شده ریز
دو عدد پیازچه خرد شده ریز
نصف لیوان جعفری خرد شده
دو قاشق مایونز
نمک، فلفل و خردل به اندازه کافی

طرز تهیه :

کلم سنگ ها را پوست می کنیم و رنده می کنیم، و با سایر موادها مخلوط می کنیم. آماده سرو کردن است.

سالاد بلغور

یک لیوان	بلغور
یک لیوان	جعفری
ثلث لیوان	زرشک
نصف لیوان	مغز گردو
دو قاشق	روغن زیتون
یک قاشق	آبلیمو
نمک و فلفل به اندازه کافی	

طرز تهیه :

بلغور (گندم کوبیده) را مدت یک ساعت در آب جوش خیس می کنیم. سپس آب آن را خالی می کنیم. همه مواد را با هم مخلوط می کنیم، در ظرفی می ریزیم و بعد از دو ساعت قابل سرو کردن است.

Bulgur salad
(Bulgur– broken wheat)

1   cup bulgur wheat
1   cup chopped fresh parsley
1/3 cup zereshk (cranberries)
½   cup broken pecan nuts
2   tablespoons olive oil
1   tablespoon lemon juice
    Salt and pepper to taste

Method:

Soak the bulgur wheat in hot water for an hour and toss out the water.

Mix the remainder of the ingredients and place in a dish.

Serve after 2 hours.

Artichoke and Mayonnaise

2 artichokes
½ lemon with the rind
½ tablespoon salt

Sauce for the artichoke
1 tablespoon mayonnaise
2 tablespoons apple cider vinegar
½ teaspoon salt
½ teaspoon pepper
1 tablespoon soya sauce
Mix all the ingredients together

Method for artichoke:
Place the artichokes in water until the soil comes out and thereafter rinse them well.
Place the artichokes in a pot with the whole lemon and add salt and cover with water.
Cover the pot and cook on medium heat for 40 minutes.
Serve with the sauce.

سالاد آرتیشو با مایونز

دو عدد   آرتیشو
نصف   لیمو ترش با پوست
نیم قاشق   نمک

طرز تهیه سس روی آرتیشو:

یک قاشق   مایونز
دو قاشق   سرکه سیب
نصف قاشق   نمک، کمی فلفل
یک قاشق   سس سویا
همه را با هم مخلوط می کنیم

طرز تهیه آرتیشو :

آرتیشو ها را در دیگی به آب می‌اندازیم تا گل لابلای برگهای آن شسته شود. بعد از شستن، در دیگی میگذاریم، روی آن آب می ریزیم، نمک و لیمو ترش را به آن اضافه می کنیم، سرپوش میگذاریم و مدت چهل دقیقه با آتش متوسط می پزیم. موقع سروکردن، سس را به آن اضافه میکنیم.

Cabbage salad

½ medium cabbage
½ cup chopped pecan nuts
3 tablespoons mayonnaise
1 tablespoon vinegar
1/3 cup chopped fresh parsley
½ tablespoon mustard
Salt and pepper to taste

Method:

Chop the cabbage into thin slices, rinse and salt.
After 10 minutes, rinse and strain.
Add vinegar and other ingredients.
When serving garnish with parsley leaves.

سالاد کلم برگ

نصف کلم برگ متوسط
نیم لیوان گردوی خرد شده
سه قاشق مایونز
یک قاشق سرکه
ثلث لیوان جعفری ساطوری شده
نیم قاشق خردل
نمک و فلفل به مقدار کافی

طرز تهیه :

کلم را با برش های باریک می بریم، می شوئیم و نمک می زنیم. بعد از ده دقیقه آنها را دوباره می شوئیم تا آب آنها برود، سرکه می زنیم و با مابقی مواد مخلوط می کنیم. در موقع سرو کردن سالاد، اطراف آن را با برگهای جعفری زینت می دهیم.

Spinach and Egg Stew

2 Pound spinach
1 Beet leaves without stems pound
4 Eggs
2 Onions
½ cup oil
A pinch of saffron
Salt and pepper to taste

Method:

Rinse spinach and beet leaves well and chop
finely.
Chop onions and fry until transparent using
all the oil.
Add spinach and beet leaves to the onions
and fry until soft.
Add salt, pepper and saffron and continue
frying.
Break all the eggs in a bowl and add 3
tablespoons of water. Stir lightly and add to
the spinach.
Stir well and remove from the stove and
allow it to cool.
Add 2 small tubs of yogurt.
This stew is good for people who suffer from
a lack of iron, such as elderly people.

بورانی اسفناج و تخم مرغ

اسفناج	دو پاوند
برگ چغندر بدون ساقه	یک پاوند
تخم مرغ	چهار عدد
پیاز	دو عدد
روغن	نیم لیوان
زعفران، نمک و فلفل به مقدار کافی	

طرز تهیه :

اسفناج و برگ چغندر را خوب می شوئیم، کمی
درشت خرد می کنیم. پیاز را خرد می کنیم و در
روغن تفت می دهیم. اسفناج و برگ چغندر را به پیاز
اضافه می کنیم. نمک، فلفل و زعفران می زنیم، تخم
مرغ ها را در کاسه ای می شکنیم و با سه قاشق آب
مخلوط می کنیم و به روی اسفناج می ریزیم و بهم
می زنیم تا خوب مخلوط شود. بعد از خشک شدن، با
ماست مخلوط می کنیم. این غذا برای کسانی که کمبود
آهن دارند مفید است.

Herb quiche

1/3 cup chopped coriander
1/3 cup chopped leek
½   cup chopped parsley
1/3 cup chopped dill
1/3 cup chopped tarragon
2-3 chopped young lettuce leaves (from the heart
of   the lettuce)
4   cloves of chopped garlic
2   tablespoons chopped sun dried tomatoes in
olive   oil
1   tablespoon dried onion flakes
2   chopped spring onions
½   tablespoon ground cumin
6-7 eggs
     Salt, pepper and turmeric to taste
     Oil as needed

Method:
In a bowl mix all the ingredients together.
Place 4 tablespoons of oil in a Teflon pan and
heat.
Place half of the mixture in the pan and when it is
fried turn it over with the aid of a plate until both
sides are well fried.
Place on a piece of absorbent paper.
Repeat this with the other half of the mixture.
This quiche can be served with pickled eggplants
and bread spread with mustard.

کوکو سبزی

گشنیز خرد شده	ثلث لیوان
تره فرنگی خرد شده	ثلث لیوان
جعفری خرد شده	نیم لیوان
شوید خرد شده	ثلث لیوان
ترخون خرد شده	ثلث لیوان
برگ جوان کاهو خرد شده	دو تا سه
سیر ریز شده	چهار حبه
گوجه فرنگی خشک در روغن ریز شده	دو قاشق
پیاز خشک خرد شده	یک قاشق
پیازچه خرد شده	دو عدد
زیره کوبیده	نیم قاشق
تخم مرغ	شش تا شش عدد

روغن، نمک، فلفل، زردچوبه، به مقدار کافی

طرز تهیه :

در کاسه ای همه مواد را با هم مخلوط می کنیم. نمک، فلفل و زردچوبه اضافه می کنیم. چهار قاشق روغن در تابه تفلون با آتش ملایم گرم   می کنیم، نصف از مایه را در تابه می ریزیم، هنگامی که سرخ شد با کمک بشقاب تخت به آن روبر می گردانیم تا از هر دو رو سرخ گردد، و به روی کاغذ آبگیر می گذاریم تا روغن کوکو گرفته شود. دو مرتبه این عمل را با قسمت دیگ مایه انجام می دهیم.
این کوکو را با نانی که خردل مالیده شده و ترشی بادمجان میل می کنیم.

کوکو گوشت و کدو سبز

یک پاوند	گوشت چرخ شده
دو عدد	کدو سبز رنده شده
دو عدد	پیاز خرد سرخ شده
دو قاشق	گرد نان
پنج عدد	تخم مرغ
سه حبه	سیر خرد شده
نیم قاشق	گرد لیمو عمانی
نیم قاشق	زیره کوبیده
نمک، فلفل، زردچوبه، روغن به مقدار کافی	

طرز تهیه:

در کاسه ای همه مواد را مخلوط می کنیم، نمک، فلفل و زردچوبه   می زنیم، دو قسمت می کنیم و هر قسمت جداگانه در تابه با روغن داغ از هر دو طرف سرخ می کنیم، به روی کاغذ آبگیر می گذاریم، تا روغن کوکو گرفته شود. این نوع کوکو را با سالاد و ترشی جات سرو می کنیم.

Meat and zucchini pie

300gr. mincemeat
2 grated zucchinis
2 grated and fried onions
2 tablespoons breadcrumbs
5 eggs
3 cloves chopped garlic
½ tablespoon Persian lime powder
½ tablespoon ground cumin
Salt, pepper and turmeric to taste
Oil for frying as needed

Method:

Mix all the ingredients together and divide into 2 equal parts.
Fry each half in a Teflon pan on both sides.
Remove and place on a piece of absorbent paper.
Serve with salad and assorted pickles.

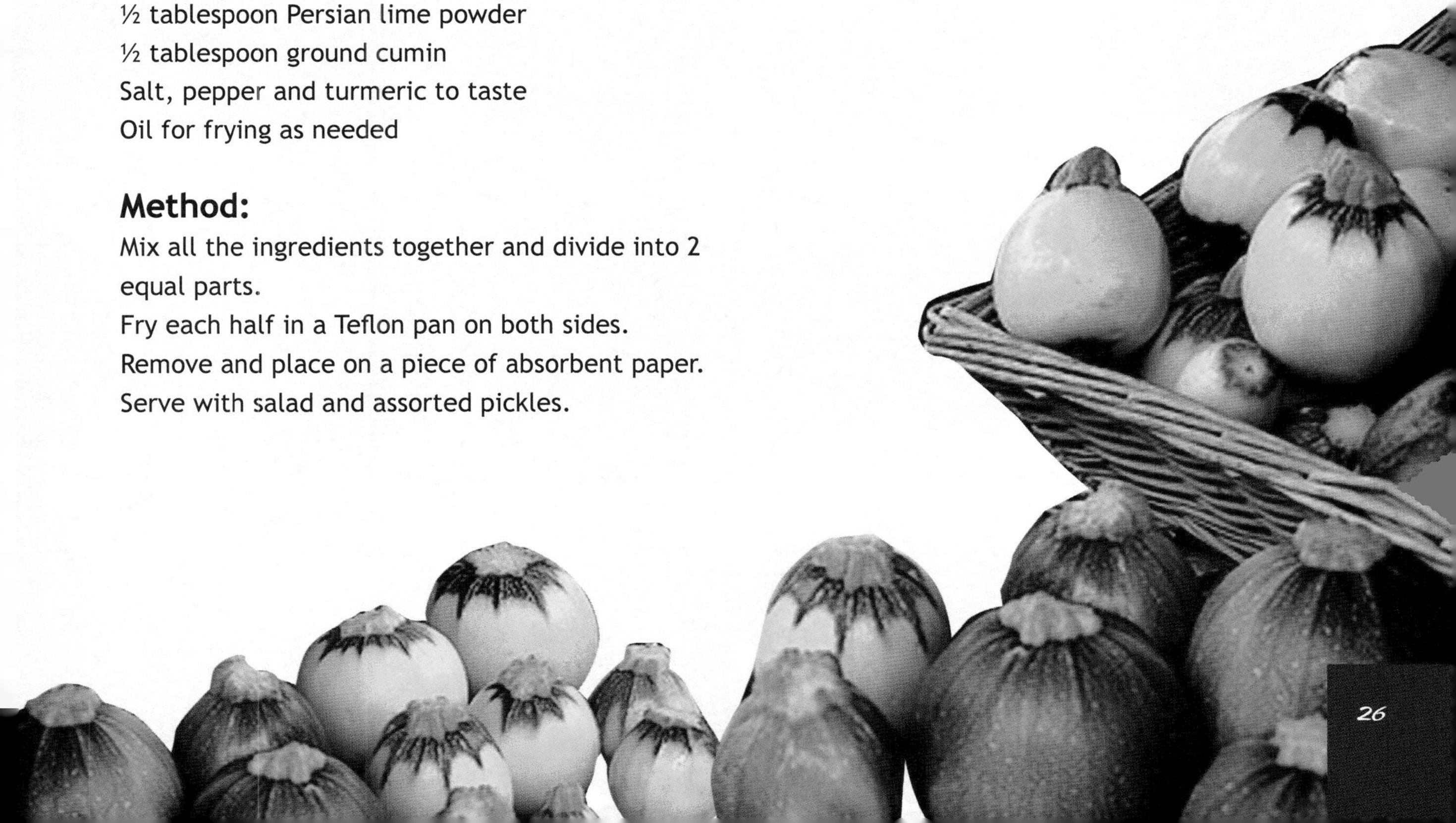

Potato Kuku (pie)

3 potatoes
4 eggs
3 cloves grated garlic
½ teaspoon mustard
½ tablespoon Persian lime powder
½ tablespoon lemon zest
Salt, pepper and turmeric to taste
Oil as needed.

Method:

Grate potatoes coarsely and squeeze out the juice between your palms.
In a bowl mix all the ingredients together with the grated potatoes and divide into two equal parts.
In a frying pan shape the mixture into a circle, cover the pan and fry evenly on both sides on medium heat.
Fry both parts separately.
This dish is delicious served with pickled garlic.

کوکو سیب زمینی

سه عدد	سیب زمینی
چهار عدد	تخم مرغ
سه حبه	سیر رنده شده
نصف قاشق	گرد لیمو عمانی
نصف قاشق	پوست لیمو رنده شده

نصف قاشق مربا خوری خردل
روغن، نمک، فلفل و زردچوبه به قدر کافی،

طرز تهیه :

در کاسه ای سیب زمینی ها را رنده می کنیم و در میان دو دست می گیریم و فشار می دهیم تا آب آن گرفته شود. تخم مرغ ها را به روی سیب زمینی رنده شده می شکنیم و مابقی مواد را به آن اضافه می کنیم و بهم می زنیم تا خوب مخلوط شود، و آن را به دو قسمت می کنیم و هر قسمت را جداگانه در تابه می ریزیم، سرپوش می گذاریم و با آتش ملایم از هر دو رو سرخ می کنیم.
سرو کردن این کوکو با سیر ترشی خوشمزه است.

Zucchini and herb quiche

2 green zucchini
5 eggs
1/2 cup of each of the following: parsley, tarragon, shahi, basil and coriander
3 grated cloves of garlic
2 tablespoons breadcrumbs
2 tablespoons chili sauce
1 tablespoon ground cumin
3 tablespoons water
Salt, pepper and turmeric to taste

Method:

Grate the zucchini into a bowl and add the freshly chopped herbs.
Add the eggs and mix.
Add 3 tablespoons of water and mix.
Add the remainder of the ingredients and divide the mixture into 2 equal parts.
Fry each part in a pan in hot oil.
When one side is fried, flip it over with the aid of a plate.
Repeat the process for the second half.
This quiche is delicious with bread and pickles.

کوکوی سبزی و کدو

دو عدد	کدو سبز
پنج عدد	تخم مرغ
نیم لیوان	جعفری،ترخون،شاهی،ریحان و گشنیز ، هر یک جداگانه
سه حبه	سیر رنده شده
دو قاشق	گرد نان
دو قاشق	سس چیلی
یک قاشق	زیره کوبیده
سه قاشق	آب

نمک ، فلفل و زردچوبه به مقدار کافی

طرز تهیه :

در یک کاسه کدوها را رنده می کنیم و سبزی ها را به آن می افزائیم. تخم مرغ ها را اضافه می کنیم، خوب بهم می زنیم، سه قاشق آب را می ریزیم و با چنگال خوب بهم می زنیم تا مخلوط شود. سپس مابقی مواد را اضافه می کنیم و بهم می زنیم. این مواد را دو قسمت می کنیم، هر قسمتی را در تابه با روغن سرخ می کنیم. البته موقعی که یک روی آن سرخ شد، با کمک یک بشقاب آن را برمی گردانیم و روی دوم آن را سرخ می کنیم. همین طور درباره قسمت دوم. صرف این کوکو با نان و ترشی لذیذتر است.

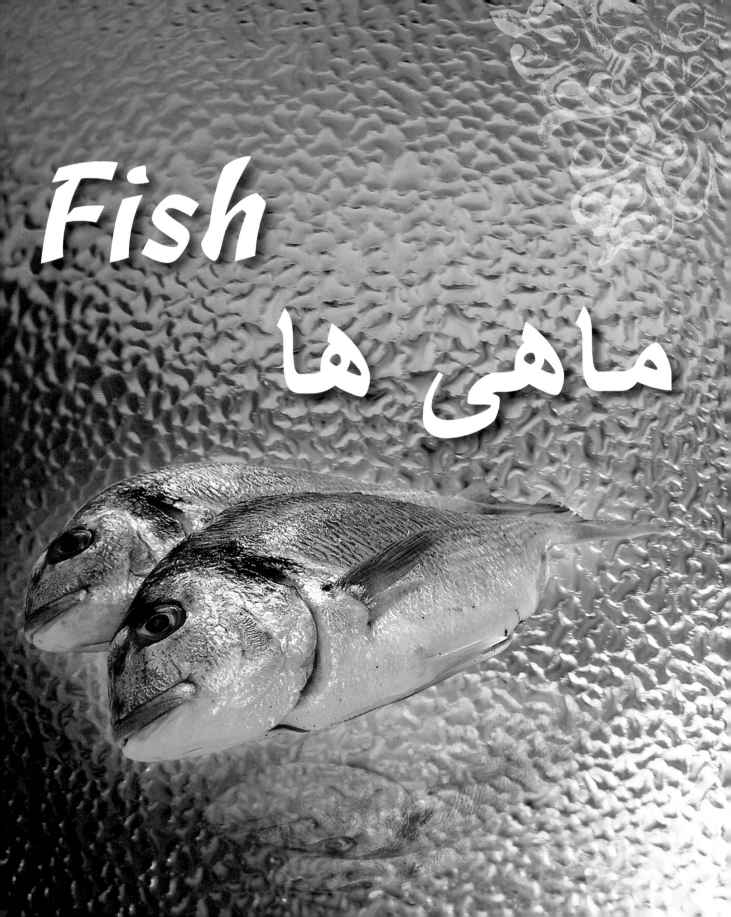

Fish

ماهی ها

Hake cutlets

2 pound boneless, scale free hake
2 eggs
1 grated onion
2 tablespoons breadcrumbs
3 grated cloves garlic
1/3 cup chopped parsley
Salt and pepper to taste
½ cup breadcrumbs for frying
Oil for frying

Method:

Place lemon juice, salt and pepper over the
pieces of hake and set aside for an hour.
Rinse and press to remove any excess water
Chop up the fish pieces in a magi mix.
In a bowl mix all the ingredients together,
aside from the ½ cup of breadcrumbs.
Add salt and pepper and refrigerate for 15
minutes.
Form the mixture into the shape of cutlets and
roll them in the ½ cup of breadcrumbs.
Fry in hot oil.

These are delicious served with pickled garlic.

کتلت ماهی

دو پاوند   ماهی از نوع باکالا
دو عدد   تخم مرغ
یک عدد   پیاز رنده شده
دو قاشق   آرد نان
سه حبه   سیر رنده شده
ثلث لیوان   جعفری ریز خرد شده
روغن برای سرخ کردن و همچنین نمک و فلفل به
اندازه کافی

طرز تهیه :

تکه های ماهی را مدت یک ساعت در نمک و
آبلیمو می خوابانیم. سپس آنرا می شوئیم، فشار می
دهیم که آب نداشته باشد و آنها را چرخ می کنیم.
در کاسه ای همه مواد را مخلوط می کنیم، نمک و
فلفل می زنیم، یک ساعت در یخچال میگذاریم و
سپس به شکل کتلت در روغن داغ سرخ می کنیم.
کتلت ماهی با سیر ترشی لذیذ است.

Trout

In order to prepare this dish you need mustard, 2-3 fried cloves of garlic, lemon juice, lemon slices and butter or margarine.

Rinse the trout and pour lemon juice over it liberally.
Sprinkle with salt and pepper and set it aside to absorb the flavors for 30 minutes.
Spread butter or margarine, mustard, fried garlic and place the lemon slices in the inside of the fish.
Spread a little butter or margarine on the top of the fish and cut the top of the skin 2-3 times.
Preheat the grill to 180 degrees centigrade and line a baking tray with aluminum foil.
Place the trout on the tray and grill for 20 minutes.
This can be served with rice or vegetables.

ماهی قزل آلا با خردل

برای تهیه این نوع ماهی به خردل، دو ـ سه حبه سیر سرخ شده، آبلیمو و لیموترش بریده، کره (مارگارین) احتیاج داریم.

طرز تهیه :

ماهی را می شوئیم و رویش آبلیموی فراوان می ریزیم. نمک و فلفل می پاشیم و برای نیم ساعت نگه میداریم. داخل ماهی را کمی کره یا مارگارین می مالیم، خردل می مالیم، سیر سرخ شده داخل شکم ماهی می پاشیم و برش های لیمو میگذاریم. به روی پوست ماهی کره یا مارگارین می مالیم، با کارد دو تا سه برش می دهیم. گریل فر را با درجه ۱۸۰ داغ می کنیم، سینی فر را کاغذ آلومینیوم میگذاریم و ماهی را به روی کاغذ میگذاریم و مدت بیست دقیقه گریل می کنیم.
ماهی را می توان با برنج و یا سبزیجات نیز سرو کرد.

Fish broth

(This can be made with any fish without bones or spines)

1 pound boneless, spineless fish
1 chopped red pepper
1 chopped tomato
1 tablespoon chili sauce
1 tablespoon soya sauce
3 whole garlic cloves
½ cup chopped fresh coriander
1/3 cup olive oil
½ cup lemon juice
Salt and pepper to taste

Method:

Cut the fish into medium sized pieces and
season with salt and lemon juice.
Leave to soak for ½ an hour and rinse.
In a pot fry the garlic in the olive oil and add the
chopped red pepper and tomato.
Fry the ingredients, add chili sauce, soya sauce, salt
and pepper and stir.
Place the pieces of fish on top of the sauce
and cover them with sauce from the side of
the pot, or very carefully stir the pieces of fish
into the sauce so that they absorb it.
Sprinkle the chopped coriander over the top,
cover and cook for 5 minutes.
This dish can be served with white rice.

خورش ماهی

یک پاوند	ماهی بدون تیغ و استخوان
یک عدد	فلفل قرمز خرد شده
یک عدد	گوجه فرنگی قرمز خرد
شده	
یک قاشق	سس چیلی
یک قاشق	سس سویا
سه حبه	سیر
نیم لیوان	گشنیز خرد شده
ثلث لیوان	روغن زیتون
نیم لیوان	آبلیمو
نمک و فلفل به قدر کافی	

طرز تهیه :

ماهی را به قطعه های کوچک می بریم، نمک
و آبلیمو روی آن می ریزیم، برای نیمساعت آن
را می گذاریم، سپس آنرا می شوئیم. در دیگ
دانه های سیر را در روغن سرخ می کنیم، فلفل
قرمز و گوجه فرنگی را روی سیر می ریزیم و
با هم سرخ می کنیم و سس چیلی و سویا به آن
اضافه می کنیم، نمک و فلفل می زنیم و با قاشق
بهم   می زنیم تا خوب مخلوط شود. تکه
های ماهی را روی رب می چینیم و از کنار
دیگ از رب روی ماهی ها می ریزیم (آهسته
بهم می زنیم) تا تمام ماهی ها با این رب مخلوط
شود. سپس گشنیز خرد شده را روی ماهی می
پاشیم، سرپوش میگذاریم و برای پنج دقیقه آن را
می پزیم. این خورش را می توانید با برنج سفید
میل فرمائید.

ماهی پُر

یک عدد	ماهی سفید
ده عدد	آلو بخارا
پنج عدد	زردآلو خرد شده
ثلث لیوان	کشمش سیاه ریز
ثلث لیوان	زرشک
چهار قاشق	روغن زیتون
نیم لیوان	آبلیمو
نیم قاشق	
مرباخوری	زعفران

نصف لیموترش نیم حلقه، بریده شده با پوست
نمک و فلفل به مقدار کافی

طرز تهیه:

ماهی را خوب می شوئیم و در آبکش میگذاریم
تا آب آن برود. روی ماهی آبلیمو می ریزیم و
نمک و فلفل از داخل و خارج ماهی می پاشیم
و برای مدت بیست دقیقه میگذاریم بماند. میوه
های خشک را با هم مخلوط می کنیم و زعفران
اضافه می کنیم. به روی پوست ماهی دو- سه
برش می زنیم و از بیرون و داخل روغن مالی
می کنیم و شکم ماهی را از میوه ها پر می کنیم
و به وسیله خلال دندان می بندیم. به روی سینی
فر کاغذ آلومینیوم پهن می کنیم و ماهی را در
سینی میگذاریم و برشهای لیمو را روی آنها می
چینیم و با کاغذ آلومینوم   می پوشانیم و در فر
گرم شده با ١٧٠ درجه گرما، مدت ٤٥ دقیقه
می پزیم، سپس کاغذ را برمی داریم و ده دقیقه
دیگر ادامه می دهیم تا رنگ سرخ شده بگیرد.

Stuffed fish

1 Fish
10 aloo buchara (Persian prunes)
5 chopped dried apricots
1/3 cup small black raisins
1/3 cup zereshk (cranberries)
4 tablespoons olive oil
½ cup lemon juice
½ tablespoon saffron
½ lemon sliced into half-moons with the peel
Salt and Pepper to taste

Method:

Rinse the fish very well and place in a sieve until the water
drains.
Pour the lemon juice over the top of the fish and season the
insides with salt and pepper.
Allow to absorb for 20 minutes.
Mix the dried fruit with saffron.
Slice the top of the fish in a few places and oil the fish from
within and without.
Stuff the fish with the dried fruit and seal it with wooden
toothpicks.
Place the fish on a baking tray covered with aluminum foil.
Place the lemon half-moons on top of the fish and cover with
aluminum foil.
Bake at 170 degrees for 45 minutes.
Remove the foil and grill for a further 10 minutes
until nicely grilled.

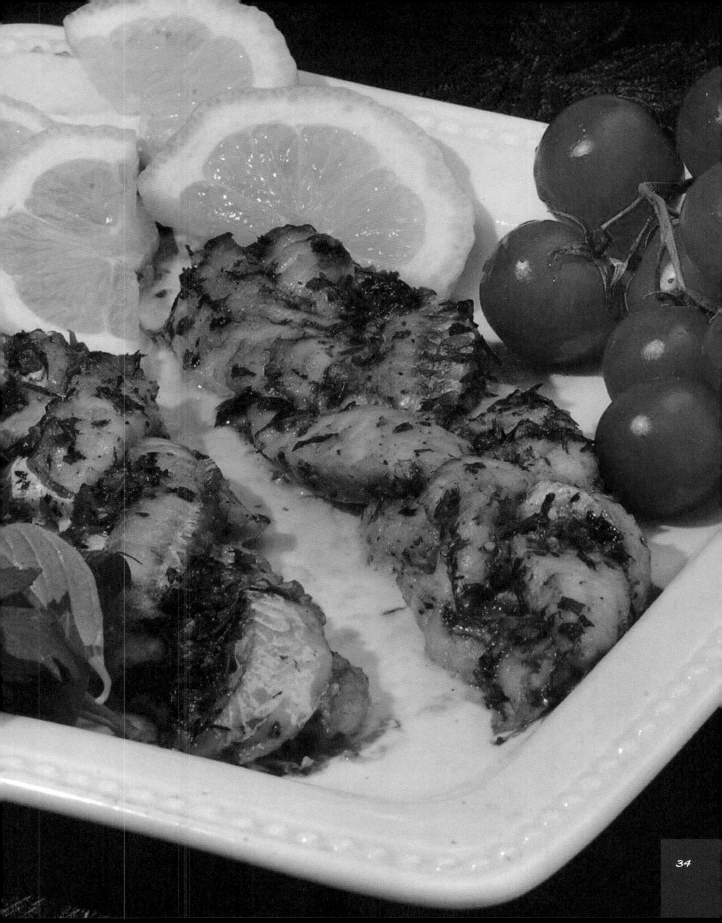

Fish with garlic

From Mash'had people

2 pound Bakala fillet
2 chopped cloves garlic
2 eggs
½ cup chopped parsley
½ teaspoon Persian lime powder
½ teaspoon ground cumin
½ cup breadcrumbs
1 lemon
1 teaspoon lemon zest
Salt, pepper and turmeric to taste
Oil for frying

Method:

Place the fillet in regular water and salt.
Cut the lemon in half and squeeze the juice over the fillet in the water and soak for an hour before cooking.
After one hour, wipe the pieces of the fish with a cloth and set aside.
In a bowl break the 2 eggs and mix them with 2 tablespoons of water, salt, pepper, lime powder and cumin.
Place the breadcrumbs in a plate on the side.
In another bowl mix the parsley with salt, pepper, garlic, lemon zest and 1/3 cup of water.
In a pan, heat some oil with a little turmeric.
Dip the fish in the egg-mixture and then in the breadcrumbs.
Fry until golden and then dip the fish in the parsley and garlic mixture.
Place in a serving plate.
When all the fillet has been fried, mix the leftovers of the breadcrumbs and egg, fry and dip into the parsley, garlic mixture as with the fish.
Dip a slice of bread into the remainder of the parsley, garlic mixture and fry.
Enjoy!

ماهی با سیر

(خوراک مشهدیها)

دو پاوند	فیله ماهی از نوع باکالا
دو حبه	سیر خرد شده
سه عدد	تخم مرغ
نیم لیوان	جعفری ساطوری شده
نیم قاشق	گرد لیمو عمانی
نیم قاشق	
مرباخوری	زیره کوبیده
نیم لیوان	گرد نان
یک عدد	لیمو ترش
یک قاشق مرباخوری	پوست لیموی تراشیده

روغن برای سرخ کردن و نمک، فلفل، زردچوبه به اندازه کافی

طرز تهیه :

قطعه های ماهی را یک ساعت قبل از وقت در کاسه ای به آب می اندازیم، نمک می پاشیم، لیموترش را از وسط نصف می کنیم، آب آنرا روی ماهی می ریزیم و پوست را در کاسه آب می اندازیم. بعد از یک ساعت قطعه های ماهی را با حوله ای خشک می کنیم. در کاسه ای تخم مرغ ها را با دو قاشق آب بهم می زنیم، نمک، فلفل، گردلیمو و زیره می ریزیم. گرد نان را در بشقابی حاضر می کنیم. در کاسه ای جعفری، نمک، فلفل، سیر ریز شده، پوست لیموی رنده شده را می ریزیم و یک سوم لیوان آب اضافه می کنیم، بهم می زنیم. روغن را در تابه داغ می کنیم، کمی زردچوبه می ریزیم و تکه های ماهی را در تخم مرغ سپس گرد نان می غلطانیم و در روغن سرخ می کنیم و سپس در سیر و جعفری می غلطانیم و در ظرف میگذاریم. در هنگام سرخ کردن، قطعات ماهی، تخم مرغ و گرد نان مانده را مخلوط می کنیم و در روغن سرخ می کنیم و در سیر و جعفری می غلطانیم. با مابقی جعفری و سیر مانده تکه نانی می غلطانیم و سرخ می کنیم.
غذا برای سرو شدن آماده است. نوش جان!

ماهی بربونیس یا (فریده)

(نوعی ماهی به درازای ۲۵ – تا ۳۰ سانتیمتر)

دو پاوند	ماهی بربونیس بدون تیغ و پوست کنده
یک عدد	تخم مرغ
ثلث لیوان	زرشک
ده عدد	گوجه فرنگی شری
نیم لیوان	گرد نان
نیم لیوان	روغن
نیم لیوان	آب
نصف	لیمو ترش
پنج حبه	سیر
یک قاشق	عسل
یک قاشق	سس چیلی
یک قاشق	سماق کوبیده
یک قاشق	
مرباخوری	پوست لیموی تراشیده

نمک، فلفل، پاپریکا و زردچوبه به قدر کافی

طرز تهیه :

ماهی را نمک می کنیم و روی کاغذ آبگیری می گذاریم. در ظرفی تخم مرغ و نمک، فلفل و زردچوبه با دو قاشق آب مخلوط می کنیم و در بشقابی گرد نان می ریزیم. نیمی از روغن را در تابه ای با آتش ملایم داغ می کنیم، دو حبه سیر را خرد می کنیم و در روغن می اندازیم، تکه های ماهی را اول در گرد نان، سپس در تخم مرغ غلط می دهیم و از هر دو رو سرخ می کنیم و روی کاغذ آبگیر می گذاریم. مابقی روغن را در تابه می ریزیم و سه حبه سیر مانده را خرد می کنیم. مابقی گرد نان را به روغن اضافه می کنیم و تفت می دهیم. گوجه فرنگی ها را نصف می کنیم و به مخلوطی تابه اضافه می کنیم. آب، نمک، فلفل، سماق، پاپریکا و چیلی می ریزیم، بهم می زنیم، با نوک چنگال گوجه ها را له می کنیم. آبلیمو، عسل و پوست لیمو را اضافه می کنیم، بهم می زنیم، بعد از یکی دو تا جوش، از روی آتش بر می داریم. ماهی را در دیسی می چینیم و به رویش از این سس می ریزیم. امکان دارد این خوراک را دو ساعت قبل از سرو غذا تهیه کنیم تا بعداً" در فر و یا مایکرو ویو گرم کنیم.

اگر به ماهی بربونیس دسترسی ندارید، می توانید از ماهی دیگری استفاده کنید.

"Barbonis" (Frida)
(This fish is 25-30 cm)

2 pound barbonis, descaled and deboned
1 egg
1/3 cup zereshk
10 cherry tomatoes
½ cup breadcrumbs
½ cup oil
½ cup water
½ a fresh lemon
5 cloves of garlic
1 tablespoon honey
1 tablespoon chili sauce
1 tablespoon ground sumac
1 teaspoon lemon zest
Salt, pepper and turmeric to taste

Method:
Salt the pieces of fish and place them on a paper towel.
In a bowl break the egg and add Salt, pepper, turmeric and 2 tablespoons of water and mix.
In a plate place the breadcrumbs.
Place ½ of the oil in a pan and heat it up on a low flame.
Chop 2 of the garlic cloves and place them in the pan.
Dip the fish pieces in the breadcrumbs and fry them well on both sides.
Place on a paper towel.
After frying all of the fish, place the remainder of the oil into the same pan.
Chop up the rest of the garlic and fry with the remainder of the breadcrumbs.
Slice the cherry tomatoes in half and add them to the pan.
Add water, salt, pepper, sumac, zereshk, chili sauce and stir.
Mash up the tomatoes with the edge of the fork.
Add lemon juice, honey, lemon zest and mix.
After bringing to the boil twice remove the pan from the stove.
Arrange the fish in a serving plate and pour the sauce over it.
It is possible to prepare it two hours before serving and reheat in a microwave or regular oven.
If you cannot find this type of fish it is possible to use any other type of fish deboned and descaled.

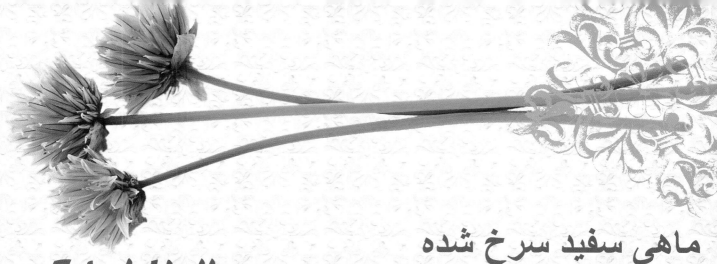

ماهی سفید سرخ شده

هشت تکه	ماهی سفید
یک قاشق	مرباخوری زعفران سائیده شده
یک قاشق	نمک
نیم قاشق	فلفل سیاه
یک قاشق	مرباخوری زردچوبه
ثلث لیوان	روغن
نیم لیوان	آبلیمو ترش

طرز تهیه:

قطعه های ماهی را می شوئیم، خشک می کنیم، سپس آبلیمو به روی تکه های ماهی می ریزیم. در بشقابی نمک، فلفل، زردچوبه و زعفران را مخلوط می کنیم، و به روی تکه های ماهی از طرفی که پوست ندارد، می مالیم و مدت نیم ساعت در یخچال نگاه می داریم.
در تابه تفلون با روغن داغ سرخ می کنیم (از طرفی که پوست ماهی است ماهی را در تابه می گذاریم) بعد از سرخ شدن در بشقاب می گذاریم و اطراف ماهی را با حلقه های چیپس زینت می دهیم.

Fried Mullet

8 pieces of Mullet
1 teaspoon ground saffron
1 tablespoon salt
½ tablespoon black pepper
1 teaspoon turmeric
1/3 cup oil
½ cup fresh lemon juice

Method:

Wash and dry the pieces of fish and pour the lemon juice over it.
In a plate mix salt, pepper, turmeric and saffron.
Sprinkle the mixture on the side of the fish with no scales.
Place in the fridge for half an hour and then fry in a Teflon pan with hot oil.
Place the fish pieces with the scales-side into the oil first and then turn them over.
Serve with chips.

pottage

آش ها

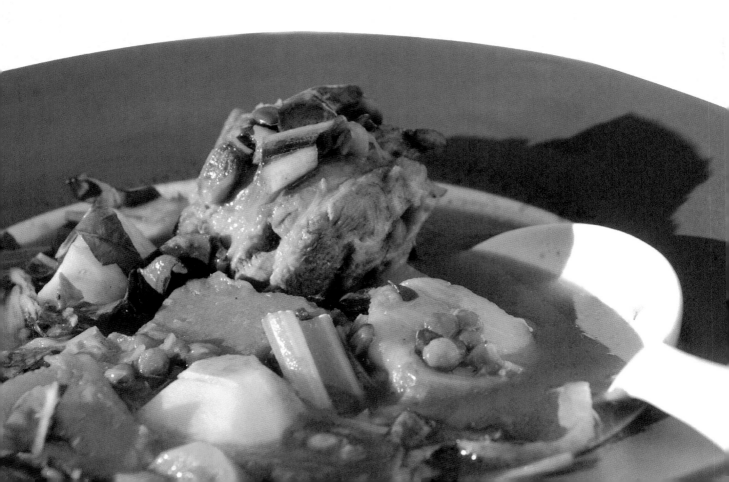

Wheat soup

This soup is cooked when the baby cuts its first tooth.

1 cup wheat
1/3 cup lentils
1/3 cup moug beans
1/2 cup kidney beans
1/4 cup rice
2 tablespoons corn flour
100gr margarine
1/2 cup of each of the following freshly chopped: coriander, leek, parsley
1 pound spinach with the stems (chop the stems and the leaves and place in separate bowls)
3 onions chopped into half-moons
1 cup freshly chopped mint
3 cups kashk
1/2 cup oil

Method:

Fry the 3 onions in the oil and remove from the stove. Add the mint and set aside to use for garnish.
Soak the legumes and wheat for 4-5 hours before cooking.
Boil them for 5 minutes, sieve and rinse.
Return the legumes to the pot, with the spinach stems and rice.
Add water 12-15cm from the top of the pot so that it doesn't boil over while cooking.
Cover and lower the flame after the pot has boiled and cook for 2 hours stirring from time to time.
When the legumes are soft add the greens, salt, pepper, turmeric, corn flour and margarine and stir.
Cook uncovered for 15-20 minutes stirring from time to time.
Add the kashk at the final few minutes of cooking and stir it in.
Place the soup in individual bowls and garnish with the onion and mint mixture.

آش گندم

(این آش را همانند آش رشته هنگامی که بچه دندان در می آوردمی پزیم)

ثلث لیوان	گندم
ثلث لیوان	عدس
ثلث لیوان	ماش
نیم لیوان	لوبیا سفید و لوبیا قرمز
ربع لیوان	برنج
دو قاشق	گرد زرت
صد گرم	مارگارین
نیم لیوان	از هر کدام: گشنیز، تره فرنگی، جعفری خرد شده
یک پوند	اسفناج با ساقه (ساقه ها و اسفناج را جدا ریز می کنیم)
سه عدد	پیاز خلال شده
یک لیوان	نعنای خرد شده
سه لیوان	کشک سائیده شده
نیم لیوان	روغن

طرز تهیه :

پیاز داغ به این ترتیب است که پیاز های خلال شده را در روغن داغ سرخ می کنیم تا طلائی رنگ شود. زردچوبه می ریزیم و یک قاشق شکر اضافه میکنیم و بهم می زنیم. بعد از چند ثانیه از روی آتش برمی داریم و نعنا را در تابه به روی پیاز سرخ شده می ریزیم و بهم می زنیم. حبوبات را چهار-پنج ساعت قبل خیس می کنیم و در دیگی اول می جوشانیم، آبکش می کنیم می شوئیم و با ساقه های اسفناج و گندم و برنج به دیگ برمی گردانیم، به قدری آب می ریزیم که آنها را بپوشاند، ولی ده- پانزده سانتیمتر از لبه دیگ پائین باشد که موقع جوشیدن سر نرود. با گذاشتن سرپوش، به روی آتش برمی گردانیم و بعد از به جوش آمدن آتش را ملایم می کنیم و برای دو ساعت می جوشانیم. ولی دو-سه مرتبه هم میزنیم که ته نگیرد و نچسبد. وقتی که حبوبات پخته و نرم شد، آنگاه سبزیها را می ریزیم، مارگارین، نمک، فلفل و گرد زرت را نیز اضافه می کنیم و برای پانزده تا بیست دقیقه دیگر بدون سرپوش و با هم زدن می جوشانیم. کشک را دقیقه های آخر می ریزیم، بهم می زنیم و آنرا در کاسه می ریزیم وبا نعنا داغ زینت می ده.

Pomegranate soup

2 pound mincemeat
1 grated onion
2 chopped, fried onions
½ cup rice
½ cup of each of the following freshly chopped:
parsley, coriander, leek and spinach
3 tablespoons pomegranate sauce
1 tablespoon honey
3 cups water
Salt, pepper and turmeric to taste

Method:

Mix the mincemeat and grated onion with salt and
pepper and make small meatballs
Fry in oil and set aside.
In a pot boil the water.
Place the meatballs and rice in the boiling water and
stir.
Lower the flame and cook for 20 minutes.
Add the freshly chopped greens, salt, pepper and
turmeric.
Stir and cook for a further 20 minutes.
At the end add the pomegranate sauce and honey.
Taste test and cook for a further 10 minutes.
* This soup is for those cold winter days.

آش انار

دو پاوند   گوشت چرخ شده
یک عدد   پیاز رنده شده
دو عدد   پیاز خرد و سرخ شده
دو عدد   چغندرمتوسط
یک لیوان   برنج
یک لیوان   گشنیز خرد شده
نیم لیوان   ترخون خرد شده
یک لیوان   از هر نوع . جعفری تره فرنگی و اسفناج
خرد شده
سه قاشق   رب انار (یک لیوان آب انار)
سه قاشق   آبلیموی ترش
یک قاشق   عسل
سه لیوان   آب
نمک، فلفل و زردچوبه به اندازه کافی

طرز تهیه :

گوشت و پیاز رنده شده و نمک وفلفل را مخلوط می کنیم،
کوفته قلقلی های کوچک درست می کنیم، و در روغن
سرخ می کنیم و در بشقاب می گذاریم . چغندر ها را بعد از
پوست کندن قاچ های کوچک میبریم .
در دیگی آب را بجوش می آوریم، چغندر های قاچ شده را
با کوفته قلقلی و برنج در دیگ می ریزیم، بهم می زنیم و با
آتش ملایم می پزیم. بعد از بیست دقیقه، سبزی و نمک و فلفل
و زردچوبه را می ریزیم و بهم می زنیم، بیست دقیقه دیگر به
پختن ادامه می دهیم وسپس رب انار و عسل می ریزیم، بهم
می زنیم و بعد از ده دقیقه از روی آتش بر می داریم.
این آش برای روزهای سرد لذیذ است.

Yogurt soup (Ashe must)

1 cup rice
½ cup cooked black-eyed peas
½ cup of each of the following chopped, fresh: parsley, tarragon, coriander, leek, mint
1 cup chopped spinach
3 onions chopped into half-moons
4 cloves chopped garlic
1/3 cup oil
1 tablespoon margarine/ butter
2 cups low-fat yogurt
½ cup high-fat yogurt
Salt, pepper and tumeric to taste

Method:

Fry the onions in the oil, add the garlic and tumeric and remove from the stove.
Add mint, mix and set aside in a bowl.
Bring the rice to the boil in a covered pot with 3 cups of water.
Lower the flame, stir and add the black-eyed peas and the remainder of the freshly chopped herbs.
Stir, add salt, pepper and margarine.
Add water if necessary and continue cooking.
When the rice is soft and almost all the water has been absorbed remove from the stove, place in a dish to cool.
Add the low and high-fat yogurts and mix well.
Garnish with the fried onions and mint mixture that was set aside earlier.

آش ماست

یک لیوان	برنج
نیم لیوان	لوبیا چشم بلبلی پخته
نیم لیوان	از هر سبزی: جعفری، ترخون، گشنیز، تره فرنگی،نعنای خرد شده
یک لیوان	اسفناج خرد شده
سه عدد	پیاز خلال شده
چهار حبه	سیر خرد شده
ثلث لیوان	روغن
یک قاشق	مارگارین (کره)
دو لیوان	ماست بی چربی
نیم لیوان	ماست با چربی
نمک، فلفل و زردچوبه به مقدار کافی	

طرز تهیه:

پیاز را در روغن سرخ می کنیم، سیر و زردچوبه اضافه می کنیم. هنگام برداشتن تابه از روی آتش، نعنا را در تابه می ریزیم و بهم   می زنیم و در کاسه ای می ریزیم. برنج را با چهار لیوان آب در دیگ با گذاشتن سرپوش با آتش متوسط بجوش می آوریم و بهم می زنیم. لوبیا و سبزیها را به دیگ اضافه می کنیم. نمک و فلفل و مارگارین (کره)   می ریزیم، بهم می زنیم (اگر کسری آب دارد اضافه می کنیم و به پختن ادامه می دهیم).   هنگامی که برنج آش نرم شد و تقریبا" بی آب شد، از روی آتش برمی داریم، در ظرفی می ریزیم که خنک شود. آنگاه ماست را می ریزیم، بهم می زنیم، خوب مخلوط می کنیم و در کاسه می ریزیم و با پیاز داغ و نعنا زینت می دهیم.

42

Coriander and zucchini pottage

(In memory of those wintry days in Persia)

2 pound mincemeat
1 grated onion
1 cup rice
2 medium diced green zucchini
3 tablespoons olive oil
1 cup chopped coriander
Salt, pepper and turmeric to taste
Lemon juice

Method:

Mix the meat with the grated onion, salt and pepper.
In a pot boil 4 cups of water, add rice and stir.
Add salt, pepper and turmeric.
Make meatballs from the mixture and place in the pot.
Add the oil and cover.
When the meatballs have formed, add zucchini with coriander and lemon juice.
Cover and cook on a low flame for about 10 minutes.

شله گشنیز و کدو

(به یاد روزهای سرد زمستان ایران)

دوپاوند	گوشت چرخ شده
یک عدد	پیاز رنده شده
یک لیوان	برنج
دو عدد	کدو سبز
سه قاشق	روغن زیتون
یک لیوان	گشنیز خرد شده
نمک، کمی فلفل، زردچوبه، کمی آبلیموی ترش	

طرز تهیه :

گوشت و پیاز را با کمی نمک و فلفل خوب مخلوط می کنیم. در دیگی چهار لیوان آب می جوشانیم، برنج را می ریزیم، بهم می زنیم. نمک، فلفل و زردچوبه اضافه می کنیم، با گوشت (کوفته قلقلی) درست می کنیم و در دیگ می اندازیم. روغن را می ریزیم، سرپوش می گذاریم تا کوفته ها پخته شود. کدوها را تکه می بریم، و با گشنیز و آبلیمو در دیگ می ریزیم بهم می زنیم تا با آتش ملایم پخته شود.

آش سماق و ترخون

اگر این آش را با گردن بوقلمون بپزیم، لذیذ تر می شود

یک عدد	گردن بوقلمون قطعه شده
یک لیوان	ترخون خرد شده
یک عدد	پیاز خرد شده
یک لیوان	از هر یک: جعفری وگشنیز و تره فرنگی خرد شده
دو لیوان	اسفناج خرد شده
یک لیوان	برنج
نیم لیوان	سماق کوبیده
یک لیوان	آب برای جوشاندن سماق
	نمک و فلفل و زردچوبه به مقدار کافی

طرز تهیه :

تکه های گردن را با سه لیوان آب جوش در دیگ می اندازیم و بعد از جوشیدن، آب آنرا خالی می کنیم. تکه های گردن و دیگ را می شوئیم و دیگ را با چهار لیوان آب، با تکه های گردن، پیاز خرد شده، نمک، فلفل و زردچوبه روی آتش می گذاریم، سرپوش می گذاریم و بعد از جوش آمدن، با آتش ملایم مدت یک ساعت می پزیم (البته اگر از دیگ زودپز استفاده کنیم مدت نیم ساعت کافی است). سپس در همان دیگ می توانیم برنج و سبزی ها را بریزیم و بهم می زنیم. سرپوش معمولی میگذاریم و با آتش ملایم به پختن ادامه می دهیم. اگر کسری آب است، اضافه می کنیم. در حال جوشیدن آش، سماق و آب را جداگانه در ظرف کوچکی می جوشانیم و با تنظیفی آن را صاف می کنیم. آب سماق را در دیگ می ریزیم، و بهم می زنیم، هنگامی که برنج ریس شود و گردن پخته باشد، موقع کشیدن غذا است.

Sumac Tarragon Soup

This soup is delicious cooked with turkey neck.

1 chopped turkey neck
1 cup chopped tarragon
1 chopped onion
1 cup chopped coriander
1 cup of each of the following freshly chopped: parsley
and leek
2 cups chopped spinach
1 cup rice
½ cup sumac powder + 1 cup water
Salt, pepper and turmeric to taste

Method:

Bring 3 cups of water to the boil and cook the turkey neck
pieces for 2-3 minutes.
Remove the pieces and rinse them well.
Rinse the pot and place 4 cups of water, turkey pieces,
and chopped onions into it.
Season with salt, pepper and turmeric.
Cover and bring to the boil, lower the flame and cook for
an hour.
(If you are using a pressure cooker, ½ an hour is sufficient)
Place the rice and greens into the pot with the meat.
Stir, cover and continue cooking.
Add water as needed.
Boil the sumac and 1 cup water in a little pot.
Sieve the mixture with a gauze tea strainer.
Add the water with the sumach flavor into the pot with
the soup and stir.
When the rice is very soft and the turkey is well cooked, it
is ready to be served.

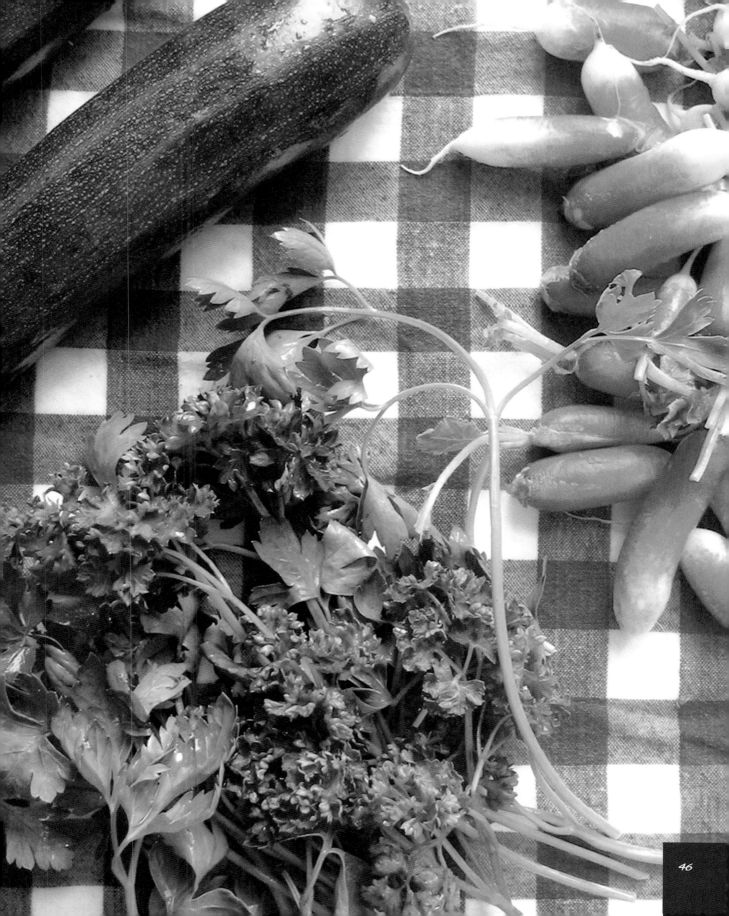

آش تمبر

این آش را می توانیم از هرنوع گوشتی بپزیم

دوپاوند	گوشت قطعه شده، از ران بوقلمون
دو عدد	چغندر رنده شده
یک لیوان	برنج
یک لیوان	جعفری خرد شده
یک لیوان	گشنیز خرد شده
یک لیوان	تره فرنگی خرد شده
یک و نیم	لیوان نعنای خرد و سرخ شده
یک ونیم	لیوان اسفناج خرد شده
یک قاشق	گرد سوپ مرغ
سه قاشق	روغن زیتون
سه قاشق	سس تمبر هندی
نمک، فلفل و زردچوبه به مقدار کافی	

طرز تهیه:

گوشت را بصورت قطعه های کوچک می بریم و با کمی روغن سرخ می کنیم. در دیگ می ریزیم و با سه لیوان آب و گذاشتن سرپوش به جوش می آوریم. آتش را ملایم می کنیم و مدت نیم ساعت می پزیم. سپس برنج و چغندر اضافه می کنیم، بهم می زنیم که ته نگیرد. نمک، فلفل، زردچوبه و گرد سوپ مرغ می ریزیم و نیم ساعت دیگر به پختن ادامه می دهیم. سبزیها را (غیر از نعنا) و سس تمبر را اضافه می کنیم و بهم می زنیم. اگر کسری آب و یا طعام دارد اضافه می کنیم، نعنای داغ را در دیگ می ریزیم و آنرا از روی آتش برمیداریم.

Tamarind soup

This soup can be made with any
kind of meat you wish to use.

2 pound of cubed turkey (shank)
2 grated beets
1 cup rice
½ cup of each of the following
freshly chopped: coriander and
parsley
½ cup of chopped mint (fried)
1/3 cup leek
1½ cups chopped spinach
1 tablespoon chicken soup stock
or 3 tablespoons oil
3 tablespoons tamarind sauce
Salt, pepper and turmeric to taste

Method:
Fry the cubed meat in a little oil and
place it in a pot and add 3 cups of water.
Cover and bring it to the boil.
Lower the flame and cook for 30 minutes.
Add the rice and grated beet and stir.
Season with salt, pepper, turmeric and
chicken soup powder or oil and continue
cooking for a further 30 minutes.
Add the chopped greens and tamarind
sauce and stir. (Not including fried mint)
Add water and salt if needed.
Add fried mint and remove from the
stove.

آش رشته

یک پاوند	رشته
نیم لیوان	لوبیا سفید
ثلث لیوان	لوبیا قرمز
ثلث لیوان	عدس
ربع لیوان	ماش
ربع لیوان	لپه سبز
یک قاشق	گرد زرت
یک و نیم	لیتر آب
یک ونیم	لیوان از هر یک: جعفری، گشنیزو تره فرنگی خرد شده
سه لیوان	اسفناج خرد شده
سه پیاز	خلال شده
یک و نیم	لیوان نعنای خرد شده
چهار حبه	سیر خرد شده
نیم لیوان	روغن زیتون
نمک، فلفل و زردچوبه، به اندازه کافی	

طرز تهیه :

حبوبات را قبلا" مدت چهار- پنج ساعت خیس می کنیم، آب آنرا خالی می کنیم. یک بار می جوشانیم، آبکش می کنیم، میشوئیم که تولید گاز نکند. در دیگ یک لیتر و نیم آب به جوش می آوریم و با گذاشتن سرپوش و آتش ملایم مدت یک ساعت می جوشانیم، امتحان می کنیم اگر حبوبات خوب پخته و نرم شده است، نمک و فلفل و زردچوبه را اضافه می کنیم، گرد زرت را می ریزیم، درجه آتش را تندتر می کنیم رشته را در دیگ می ریزیم بهم می زنیم (سرپوش نمیگذاریم) اگر کسری آب دارد، آب گرم اضافه می کنیم. بعد از دو- سه دقیقه، سبزیها را (غیر از نعنا) اضافه می کنیم، با کفگیر مرتب بهم می زنیم که گلوله و خمیر نشود؛ می چشیم، اگر کسری طعم دارد اضافه می کنیم و برای ده دقیقه به پختن ادامه میدهیم. نیمی از پیازداغ را در دیگ می ریزیم و نصف دیگر را به روی آش موقع سرو غذا اضافه می کنیم.

طرز تهیه پیاز داغ :

طرز تهیه پیاز داغ به این ترتیب است که پیاز را در روغن داغ   می ریزیم و سرخ می کنیم تا رنگ آن طلائی شود. زردچوبه و سیر را اضافه می کنیم بعد از کمی سرخ شدن یک قاشق شکر میریزیم که رنگ طلایی شود .سپس نعناع را به پیازداغ اضافه می کنیم، بهم می زنیم و از روی آتش برمی داریم.

آش رشته را در دیگی می پزیم که ده — پانزده سانتیمتر باید سر آن خالی باشد که موقع رشته ریختن، از دیگ سر نرود. قبل از ریختن رشته در دیگ یک ظرف آبجوش حاضر داشته باشیم.

nodle soup

1 pound vermicelli noodles
½ cup kidney beans
1/3 cup red beans
1/3 cup lentils
¼ cup mung beans
¼ cup dried green peas
1 tablespoon corn flour
1½ liters water
1½ cup of each of the following freshly chopped: parsley, coriander and leek
3 cups spinach
3 onions cut into half moons
1. 1/2 cup freshly chopped mint
4 cloves chopped garlic
½ cup olive oil
Salt, pepper and turmeric to taste

Method:

Soak the legumes for 4-5 hours before cooking.
Boil them once and rinse well.
Bring the 1½ liters of water to the boil and place the legumes in the pot, cover and cook on a low flame for an hour.
When they are well cooked add salt, pepper, turmeric and corn flour.
Turn up the heat and add the noodles (do not cover).
If needed add hot water.
After 2-3 minutes add the greens, except for the mint.
Stir well so that there are no lumps.
If necessary add salt and continue cooking for 10 minutes.
Add ½ of the fried onion into the pot and save the other half to garnish when serving.

To prepare the fried onion:

Fry the onion in hot oil and stir continuously until it is yellow.
Add turmeric and garlic.
Remove from the stove once it has cooked.
Add the mint and mix.

This soup should be cooked in a pot that is large enough to leave a 15cm space between the soup and the rim of the pot so that it doesn't boil over.
Prepare boiling water to add to the soup so that if necessary you can add hot water to the soup in order not to disturb the cooking process.

آش اسفناج

گوشت چرخ شده	دو پاوند
پیاز رنده شده	یک عدد
پیاز خرد شده	یک عدد
اسفناج خرد شده	دوپاوند
لوبیا چشم بلبلی پخته شده	نیم لیوان
برنج	نیم لیوان
آلو بخارا	ده عدد
روغن زیتون	سه قاشق
آبلیمو	نیم استکان
نمک، فلفل و کمی زعفران	

طرز تهیه :

گوشت و پیاز رنده شده را با نمک و فلفل مخلوط میکنیم. پیاز خرد شده را در روغن سرخ می کنیم، اسفناج را به آن اضافه می کنیم، و با هم تفت می دهیم. در دیگ سه لیوان آب به جوش می آوریم، برنج ولوبیا و آلو را می ریزیم، بهم می زنیم که به هم نچسبد و نیمه پخته که شد نمک و فلفل را اضافه می کنیم و از گوشت (کوفته قلقلی) درست می کنیم، در دیگ می اندازیم و سرپوش میگذاریم، آتش را ملایم می کنیم و بعد از هفت دقیقه جوشیدن، اسفناج را می ریزیم، بهم می زنیم. آبلیمو می ریزیم و ده دقیقه دیگر به پختن ادامه می دهیم. قبل از سرو کردن غذا، زعفران را در دیگ می ریزیم و می چشیم. اگر کسری از طعم دارد اضافه می کنیم.

Spinach soup

2 pound mincemeat
1 finely grated onion
2 finely chopped onions
2 pound coarsely chopped spinach
½ cup rice
10 small pitted plums (buchara)
3 tablespoons olive oil
½ cup lemon juice
Salt, pepper and saffron to taste

Method:

Mix the mincemeat and finely grated onion with salt and pepper and set aside.
In a pan fry the 2 coarsely chopped onions in the olive oil for a few minutes.
Add spinach and fry with onions for two minutes.
In a pot boil 3 cups of water and add the rice and prunes and stir so that the rice will not stick together.
When half boiled add salt and pepper.
Make meatballs from the mincemeat and grated onion mix and add to the pot with rice and prunes.
Cover the pot and lower the flame.
After boiling for seven minutes add spinach and stir.
Add lemon juice and continue cooking for 10 minutes.
Before serving add the saffron and taste. If necessary add salt and pepper.

Linguine stew

1 pound egg linguine
4 onions chopped into half-moons
½ pound green raisins
½ pound broken pecan nuts
½ cup olive oil
½ teaspoon saffron
1 table spoon salt
4 cups water for boiling
2 cups plain yogurt

Method:

Boil the water and add the salt.
When boiling, add the linguine and cook for 10 minutes.
Remove, place in a sieve and rinse with water.
Fry the onion and place in a plate.
In the same pan, fry the pecans and raisins and remove from the stove.
Add the saffron to the fried onions.
In a pyrex dish place a row of the linguine, yogurt, fried onions and then the pecan nuts and raisins.
Repeat and serve cold.

رشته تخم مرغی

غذای رایج در مشهد

یک پاوند رشته تخم مرغی
چهار عدد پیاز خرد شده نیم حلقه
نیم پاوند کشمش سبز
نیم پاوند مغز گردو
ثلث لیوان روغن زیتون
نیم قاشق مرباخوری زعفران
یک قاشق نمک
دو لیوان ماست کم چربی
چهار لیوان آب برای جوشیدن رشته

طرز تهیه :

در دیگی آب به جوش می آوریم، نمک می ریزیم، رشته را اضافه می کنیم، و بعد از ده دقیقه جوشانیدن، آبکش می کنیم و با آب معمولی می شوئیم. پیازها را در روغن داغ سرخ می کنیم و در بشقابی می ریزیم، در همان تابه روغن، گردو و کشمکش را کمی سرخ می کنیم، از روی آتش برمی داریم، زعفران و پیاز داغ را به تابه برمی گردانیم. در ظرف لبه دار یک ردیف رشته و به روی آن ماست، سپس پیاز داغ می ریزیم و دو مرتبه یک ردیف رشته، ماست و گردو و کشمش می ریزیم. دومرتبه یک ردیف رشته، یک ردیف ماست، گردو و کشمش اضافه می کنیم. آنگاه رشته را سرد سرو می کنیم.

Mung bean soup (Mash)

1 pound mincemeat

1 grated onion

1 grated turnip

1 cup mung beans

½ cup rice

3 cups water

450oz pumpkin pieces

1 chopped onion

3 tablespoons olive oil

3 tablespoons dried mint

Salt, pepper and turmeric to taste

Method :

Mix the mincemeat with the grated onion and add salt, pepper and turmeric.

Fry the chopped onion in the olive oil, make meatballs from the mincemeat mixture fry with the chopped onion and set aside.

In a pot, bring the water to the boil and add the mung beans.

When the mung beans are boiling add ¼ cup cold water.

Cover and bring to the boil again.

With a large spoon collect the skins of the mung beans that are floating on top of the water.

Repeat this twice until all the skins have been removed.

Add the rice, meatballs, turnip and pumpkin pieces.

Stir well and add salt, pepper and turmeric.

Stir again and cook for 45 minutes on a low flame.

When serving garnish with dried mint leaves.

آش ماش

گوشت چرخ شده	یک پاوند
پیاز رنده شده	یک عدد
شلغم	یک عدد
ماش	یک لیوان
برنج	نیم لیوان
آب	سه لیوان
پیاز خرد شده	یک عدد
روغن زیتون	سه قاشق
نعنا خشک سائیده	سه قاشق
چهارصد و پنجاه اونس کدو حلوائی	

طرز تهیه :

گوشت و پیاز رنده شده را با نمک، فلفل و زردچوبه مخلوط می کنیم. پیاز خرد شده را در روغن تفت می دهیم و از گوشت (کوفته قلقلی) درست می کنیم و روی پیاز سرخ می کنیم و کنار میگذاریم. آب را در دیگ جوش می آوریم، ماش را می جوشانیم، یک ملاقه آب سرد اضافه می کنیم، سرپوش می گذاریم، تا هنگام جوشیدن پوست های ماش جدا شود، با کفگیر از روی آش پوست ها را جمع می کنیم و دو مرتبه یک ملاقه آب سرد می ریزیم تا خوب پوست ها جدا شود. آنگاه برنج و کوفته قلقلی را می ریزیم، شلغم را بقطعه های کوچک میبریم کدو را قطعه های ریز می کنیم و با هم در دیگ می ریزیم. نمک، فلفل و زردچوبه می ریزیم، بهم می زنیم تا جا بیفتد و ته نگیرد. مدت ٤٥ دقیقه به روی آتش ملایم می پزیم. هنگامی که در کاسه می ریزیم به رویش کمی نعنا خشک می پاشیم

Soup

آبگوشت ها

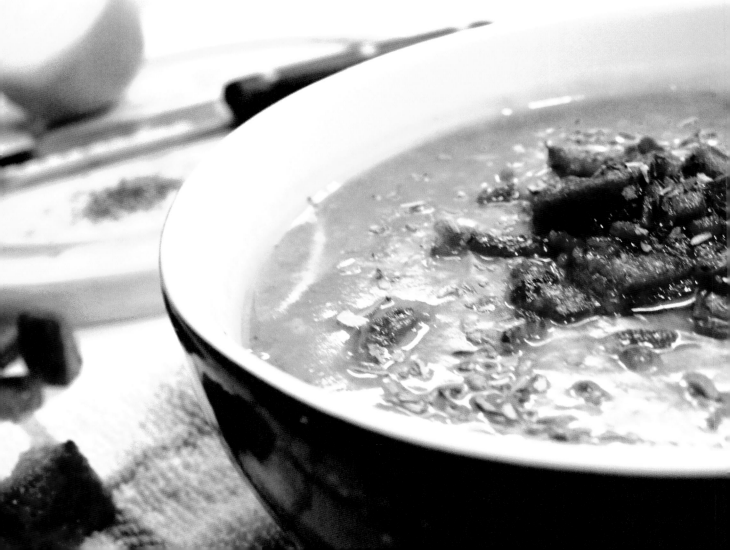

Soup (Dizi)

2 pounds cubed beef or mutton
1 cup kidney beans
1 cup chickpeas
3 whole black Persian limes
2 whole onions
3 whole tomatoes
4 unpeeled potatoes
5 cups water
Salt, pepper and turmeric to taste

Method:

Soak the beans and chickpeas for 2-3 hours
before cooking.
Boil for 5 minutes, place in a sieve and rinse.
Place the water, meat, beans, chickpeas, lime
and onions in a pot (Dizi pot)
Season with salt, pepper and turmeric.
Cover and place in an oven preheated to 170
degrees Celsius for 2 hours.
Add the tomatoes and potatoes and cook for a
further 1½ hours.
Add more water if needed, but this soup should
not be too watery.
Remove the meat, potatoes, beans and
chickpeas from the pot and mash them.
Place the pureed mixture into a serving dish.
Dish up the soup with tomato and lime and
serve.

Eat this soup with sangag bread, rashad, rehan
and sliced onion.
* If you don't have a Dizi, you may use a
ceramic pot.

آبگـوشـت دیزی

گوشت گاو یا گوسفند قطعه شده	دو پاوند
لوبیا سفید	یک لیوان
نخود کال	یک لیوان
لیمو عمانی	سه عدد
پیاز درسته	دو عدد
گوجه فرنگی درسته	دو عدد
سیب زمینی پوست نگرفته	چهار عدد
آب	پنج لیوان
نمک، فلفل و زردچوبه به مقدار کافی	

طرز تهیه :

نخود و لوبیا را قبلاً" خیس می کنیم و برای پنج دقیقه می جوشانیم،
آبکش می کنیم، می شوئیم. سپس گوشت را با نخود، لوبیا، لیمو و
پیاز با پنج لیوان آب در دیزی می ریزیم. نمک، فلفل و زردچوبه
اضافه می کنیم و سرپوش می گذاریم فررا قبلاگرم میکنیم و با
درجه ۱۷۰ مدت یک ساعت می پزیم. سپس گوجه فرنگی و سیب
زمینی را اضافه می کنیم و یک تا یک ساعت و نیم دیگر به پختن
ادامه می دهیم. اگر کسری آب دارد، اضافه می کنیم. ولی نباید زیاد
آب داشته باشد. گوشت و سیب زمینی و حبوبات را از دیگ بیرون
می آوریم و میکوبیم و سر میز می بریم. آبگوشت را در کاسه ئی با
گوجه فرنگی ولیمو می ریزیم و سر میز می گذاریم .
خوردن این آبگوشت با نان سنگک و سبزی و پیاز لذیذتر است.
اگر دیزی نداریم، می توانیم از دیگ سرامیک استفاده کنیم.

Borsht

1 pound bone marrow
2 carrots
3-4 spring onions
1 beet
1 zucchini
3 medium-soft tomatoes
1 chopped onion
½ red pepper
½ cup fresh green peas
½ cup green beans
½ cup chopped celery
1 cup chopped cabbage leaves
1 tablespoon Persian lime powder
1½ liters of water
Salt, pepper and turmeric to taste

Method:

Bring the water to the boil and place the bone marrow in the pot.
Add salt, pepper, turmeric and chopped onion and cook for an hour.
Chop the vegetables finely and add to the soup.
Add the lime powder and continue cooking for 30-45 minutes.

آبگوشت بُرشت

یک پاوند	استخوان قلمه گاو (قطعه شده)
دو عدد	هویج
یک عدد	چغندر
یک عدد	کدوی سبز
سه عدد	گوجه فرنگی نرم
یک عدد	پیاز خرد شده
دو عدد	سیب زمینی
نیمی	فلفل قرمز
نیم لیوان	نخود سبز
نیم لیوان	لوبیا سبز
نیم لیوان	کرفس
یک لیوان	برگ کلم خرد شده
چهار حبه	سیر
یک قاشق	گرد لیمو عمانی
یک و نیم	
لیتـر	آب
چهار عـدد	پیازچه
نمک، فلفل و زردچوبه به مقدار کافی	

طـرز تهیه :

بعد از به جوش آوردن آب، استخوان را مدت یک ساعت با نمک، فلفل، زردچوبه و پیاز خرد شده می پزیم. همه سبزیجات را خرد می کنیم و در دیگ آبگوشت با گرد لیمو می ریزیم و برای مدت یک ساعت می پزیم.

Dried fruit soup

2 pounds cubed beef shank
1 chopped onion
1/3 cup kidney beans
1/3 cup chickpeas
10 Persian prunes (aloo buchara)
12 halves chopped, dried peach
7-8 chopped dried black plums
1 chopped sour apple
½ cup chopped celery
Salt, pepper and turmeric to taste

Method:

Cook the meat, onion, chickpeas and beans in
a pot with 4 cups of water.
Season with salt, pepper and turmeric.
Cover and cook for 45 minutes.
Add the remainder of the ingredients and
continue cooking for another half hour.
Serve in individual bowls.

آبگوشت میوه های خشک

گوشت ماهیچه (قطعه شده)	دو پاوند
پیاز خرد شده	یک عدد
نخود	ثلث لیوان
لوبیا سفید	ثلث لیوان
آلو بخارا	ده عدد
هلوی خرد شده	۱۲ برگه
آلو سیاه خرد شده	۷ تا ۸ عدد
سیب ترش خرد شده	یک عدد
کرفس خرد شده	نیم لیوان
نمک، فلفل و زردچوبه	

طرز تهیه :

در دیگ گوشت را با چهار لیوان آب، پیاز، نخود، لوبیا، ادویه و با
گذاشتن سرپوش مدت ٤٥ دقیقه می پزیم. سپس مابقی مواد را اضافه
می کنیم بهم میزنیم و یک ساعت دیگر به پختن ادامه می دهیم. گاه
بگاه
آبگوشت را بهم میزنیم و آنرا میچشیم مبادا کسری طعم داشته باشد .
برای هر نفر جداگانه در کاسه می ریزیم و سر سفره می بریم.

آبگوشت نارنج

نیم لیوان	آب نارنج
نیم لیوان	ماش
نیم لیوان	عدس
نیم لیوان	لوبیا چشم بلبلی
یک لیوان	زردآلو خشک خرد شده
یک لیوان	برگه هلوی خشک خرد شده
یک لیوان	کرفس خرد شده
دو عدد	پیاز خلال شده
یک چغندر	رنده شده
سه حبه	سیر خرد شده
چهار قاشق	آرد ذرت
نیم لیوان	نعنا برای سرخ کردن
ثلث لیوان	روغن
نمک، فلفل و زردچوبه به اندازه لازم.	

طرز تهیه :

پیاز خلال شده را در روغن داغ سرخ می کنیم، سیر را با آن تفت میدهیم، از روی آتش برمی داریم و نعنای خرد شده را اضافه می کنیم و بهم می زنیم و برای روی آبگوشت کنار می گذاریم. ماش و عدس و لوبیا را چهار - پنج ساعت قبل خیس می کنیم، آب آن را عوض می کنیم و با پنج لیوان آب در دیگ، با گذاشتن سرپوش مدت نیم ساعت می پزیم. سپس مابقی مواد را جز آب نارنج، با نمک و فلفل آغشته می کنیم، بهم می زنیم و با آتش ملایم می پزیم. این آبگوشت را هر چندی بهم می زنیم و سعی می کنیم که تمام مواد له شود. هنگامی که خوب جا افتاد و کم شد، در کاسه می ریزیم و به رویش پیاز داغ و نعنا اضافه می کنیم. آب نارنج را جداگانه سر میز می گذاریم، تا هر کس هر اندازه ای که مایل باشد بردارد.

Mineola soup (Norange)

½ cup mineola juice

½ cup mung beans

½ cup lentils

½ cup black-eyed peas

1 cup chopped dried apricot

1 cup chopped dried peach

1 cup chopped celery

2 onions chopped into half-moons

1 raw grated beet

3 cloves chopped garlic

2 tablespoons corn flour

½ cup freshly chopped mint

1/3 cup oil

Salt, pepper and turmeric

Method:

Fry the onions well, add the garlic, fry for a few
more minutes and remove from the stove.
Add the freshly chopped mint, mix and set aside
to garnish the soup when serving.
Soak the legumes for 4-5 hours before cooking.
Drain the water and place in a pot with 5 cups of water,
cover and cook for half an hour.
Add the remainder of the ingredients except for the
mineola juice, and season with salt, pepper and turmeric.
Stir and cook on a low flame.
While stirring mash the ingredients against the side
of the pot so that the soup becomes thick.
When the soup has thickened, serve in bowls and garnish
with the onions and chopped mint.
Place the mineola juice on the table in a jug so that
each person can add it according to his personal taste.

Gondi soup

450 oz minced chicken breast
450 oz minced turkey shank
2 grated onions
2 cups chickpea flour
¼ cup olive oil
2 cups water
Salt, pepper and turmeric to taste
A little ground cardamom

Method:

Mix all the ingredients together for 4-5 hours.

Ingredients for the soup:
1 pound of beef with the bones
2 onions, cut into big pieces
3 Persian limes
½ cup kidney beans
4 cups water
Salt, pepper and turmeric to taste

Method:

Bring the water to the boil and add the beef, onions, beans and turmeric.
Cover and boil for 20 minutes.
Add the limes, salt and pepper and continue cooking for half an hour.
Wet both hands and make large meatballs, about the size of tennis balls, from the mixture that was in the fridge.
Place them in the soup when it reaches boiling point.
Cover and cook on a low flame for a further 20 minutes.
When serving remove the meatballs first and then dish up the soup over them.
This soup can be served with white rice.
It is also delicious with bread, chopped herbs and onion.

آبگوشت گندی

نوعی غذای یهودی، برای شبهای شنبه

چهارصدو پنجاه اونس سینه مرغ چرخ شده
چهارصدوپنجاه اونس ران بوقلمون چرخ شده
یک و نیم لیوان آرد نخودچی
یک ربع لیوان روغن زیتون
دو لیوان آب
نمک، فلفل و زردچوبه، کمی هل کوبیده

طرز تهیه :

همه مواد را با هم مخلوط می کنیم. چهار- پنج ساعت در یخچال نگهداری می کنیم.

مواد آبگوشت :

یک پاوند گوشت گاو با استخوان
دو عدد پیاز
سه عدد لیمو عمانی
نیم لیوان لوبیا سفید
چهار لیوان آب
نمک، فلفل و زردچوبه

طرز تهیه :

آب را جوش می آوریم، گوشت، پیاز، لوبیا و زردچوبه را می ریزیم سرپوش می گذاریم. بعد از سی دقیقه لیمو عمانی، نمک و فلفل اضافه می کنیم. به پختن نیم ساعت دیگر ادامه می دهیم. سپس دو دستمان را خیس می کنیم و از خمیر گندی به اندازه توپ تنیس برمی داریم، و توپ های کوچولو درست می کنیم، در دیگ آبگوشت در حال جوشیدن می اندازیم سرپوش میگذاریم و با آتش ملایم مدت ۲۰ دقیقه می پزیم.
هنگام سرو کردن غذا، اول گندی ها را بیرون می آوریم، سپس گوشت آبگوشت را توی بشقاب ها اضافه می کنیم. می توانیم برنج سفید را با این آبگوشت سرو کنیم.
سرو کردن آبگوشت با نان و سبزی و پیاز لذیذ است.

Kidney bean soup

1½ pounds cubed beef
½ cup kidney beans
1½ cups chopped coriander
4 cups water
2 chopped onions
Salt, pepper and turmeric to taste

Method:
Boil the beef, kidney beans and chopped onions in the water.
Add salt, pepper and turmeric and cook for an hour.
Place the coriander and cook for a further 20 minutes.
This soup can be served with white rice.

آبگوشـت لوبیا سفید

آبگوشت مشهدیها

گوشت گاو ریز بریده شده	یک و نیم پاوند
لوبیا سفید	نیم لیوان
گشنیز خرد شده	یک و نیم لیوان
آب	چهار لیوان
پیاز خرد شده	دو عدد
نمک، فلفل و زردچوبه به مقدار لازم	

طرز تهیه:

گوشت و آب لوبیا و پیاز را می جوشانیم. نمک، فلفل و زردچوبه می ریزیم و برای یک ساعت می پزیم. گشنیز اضافه می کنیم و بیست دقیقه دیگر به پختن ادامه می دهیم. این آبگوشت را می توانیم با برنج سفید صرف کنیم. میتوانیم اگر کمبود آب داشته باشد اضافه کنیم.

کوفته باقالی

یک پاوند سینه مرغ چرخ شده
دو لیوان برنج
دو عدد پیاز متوسط رنده شده
دو قاشق آرد
چهار لیوان شوید خرد شده
دو عدد پیاز خرد و سرخ شده
دو لیوان نعنای خرد شده
ثلث لیوان زرشک
چهار لیوان آب
سه عدد لیمو عمانی
سه قاشق روغن زیتون
یک و نیم لیوان باقالی سبز دو پوسته
نمک، فلفل و زردچوبه به مقدار لازم

طرز تهیه:

در کاسه ای سینه مرغ، پیاز رنده شده،برنج و نمک، فلفل، زردچوبه، شوید و آرد را مخلوط می کنیم و باقالی را اضافه می کنیم. دو تا سه قاشق روغن زیتون می ریزیم و خوب مالش می دهیم تا چسب بگیرد. روی آنرا می پوشانیم و چهار- پنج ساعت در یخچال می گذاریم. پیاز سرخ شده را در دیگی می ریزیم، آب را اضافه می کنیم، به جوش می آوریم، لیموعمانی می اندازیم. نمک، فلفل، زردچوبه اضافه می کنیم و درحال جوشیدن آب، زرشک را برای لای کوفته ها با دو قاشق روغن کمی سرخ می کنیم. دو دستمان را خیس می کنیم و توپ های کوچولو از کوفته ها درست می کنیم. با انگشت از بالا گودی کوچکی ایجاد می کنیم و کمی از زرشک در داخل کوفته میگذاریم و سر آنها را می بندیم و در سینی می چینیم. هنگامی که همه کوفته ها را درست کردیم، آن وقت با احتیاط در دیگ می اندازیم. سرپوش میگذاریم و با آتش ملایم می پزیم. آب باید به مقدار کافی به روی کوفته ها باشد، و گرنه سفت میشود.
مدت پختن کوفته ها ۳۰ – ۴۰ دقیقه است. اگر کسری آب دارد، می توانیم از کنار دیگ آب اضافه کنیم. قبل از بیرون آوردن کوفته ها از دیگ، نعنا را برای مدت ۲۰ ثانیه با دو قاشق روغن سرخ می کنیم و در دیگ به روی کوفته ها می ریزیم.

Meatballs with rice and Bagali (Egyptian broad beans)

1 pound minced chicken breast

2 cups rice

2 grated medium-sized onions

2 tablespoons flour

2 tablespoons chopped dill

1½ cups Bagali beans, removed from the legume shell and peeled

2 chopped, fried onions

2 cups chopped mint

1/3 cup zereshk

4 cups water

3 black Persian limes

3 tablespoons of olive oil

Salt, pepper and turmeric to taste

Method:

Place the chicken breast, grated onion, Salt, pepper, turmeric, dill and flour in a bowl and knead together.
Add the Bagali beans and 3 tablespoons of olive oil and continue kneading.
Cover and refrigerate for 4-5 hours.
Place the fried onions and with water in a pot and bring to the boil.
Add the Persian limes and season with Salt, pepper and turmeric.
While the water is boiling, fry the zereshk in two tablespoons of oil for the meatball filling.
Wet both hands and make meatballs from the refrigerated mixture, about the size of tennis balls, placing a little zereshk inside each meatball.
Place on a serving tray.
When all the mixture has been used up, place the meatballs in the boiling, seasoned water, cover and cook on a low flame for 30-40 minutes.
Ensure that the meatballs are covered with water, or they will go hard.
Before removing the meatballs from the pot, fry the mint for 20 seconds and scatter it over the meatballs in the pot.
Remove the meatballs and serve.

Kahlyush (From Hamedan people)

2 cups bulgur wheat
3½ cups water
1 cup ready Kashk
2 onions cut into half-moons
3 sliced cloves garlic
1 cup chopped fresh mint, fried
A pinch of Saffron
Salt and pepper to taste
Oil as needed

Method:
Fry the onions in a little oil, add the garlic and saffron.
Remove from the stove and add the fried mint.
Boil the water and add the bulgur wheat.
When most of the water has been absorbed, add salt, pepper and kashk and continue cooking for a few minutes.
Place the bulgur in a serving bowl and garnish with onions and mint.

Kahlyush is a kind of soup that the Hamedan people cook on cold winter days.

*Hamedan is Ester and Mordehay city in Persian.

کالیوش

غذای رایج در همدان

دو لیوان بلغور نکوبیده
یک لیوان کشک سابیده
دو پیاز نیمه حلقه بریده شده
سه حبه سیرخرد شده
یک لیوان نعنای خرد شده و سرخ شده
سه و نیم لیوان آب
کمی زعفران، نمک، فلفل و روغن به مقدار کافی

طرز تهیه :

پیاز را در روغن سرخ می کنیم، سیر را می افزائیم، کمی زعفران می زنیم و از روی آتش پائین می آوریم و نعنا را داخل پیاز می کنیم، بهم می زنیم و کنار می گذاریم. آب را جوش می آوریم، بلغور را می پزیم تا تقریبا" کم آب شود. نمک و فلفل می زنیم، کشک را می ریزیم و با هم می جوشانیم. در کاسه می ریزیم و به روی آن پیاز و نعنا داغ می ریزیم. کالیوش یک نوع آش است که همدانی ها برای روزهای سرد می پزند.

غذای پاچه

دو پاوند	پاچه گاو (یا شش عدد پاچه گوسفند)
یک پاوند	گوشت گاو و یا گوسفند
یک لیوان	نخود کال
یک لیوان	لوبیا سفید
دو عدد	پیاز
شش لیوان	آب
نمک، فلفل و زردچوبه به مقدار کافی	

طرز تهیه :

پاچه باید قطعه کرده باشد. نمک و سرکه می مالیم و برای یک ساعت کنار می گذاریم. در دیگی چهار لیوان آب جوش می آوریم، پاچه ها را می جوشانیم، آب آن را دور می ریزیم و دوباره می شوئیم. دیگی که مناسب اجاق شبات و یا مناسب تنور باشد انتخاب می کنیم. پاچه ها را خوب می شوئیم و با گوشت در دیگ می اندازیم. همه مواد را می ریزیم، آب را اضافه می کنیم، می جوشانیم و نمک، فلفل و زردچوبه می زنیم. شب تا صبح در فر ۱۵۰ درجه که قبلاً گرم شده می گذاریم. پختن پاچه به این صورت احتیاج به دو تا سه مرتبه سرکشی دارد اگر احتیاج بآب دارد اضافه میکنیم.

Beef leg

2 pound beef leg or 6 pieces mutton (leg)
1 pound beef or mutton
1 cup chickpeas
1 cup kidney beans
2 whole onions
6 cups water
Salt, pepper and turmeric to taste

Method:

Cut the beef leg into pieces, rub with salt and
vinegar and set aside.
The pot you would like to use needs to be suitable for
a hot plate or to be placed in an oven.
Rinse the pieces of beef and place in the pot with the
pound of beef or mutton.
Add the remainder of the ingredients in the water
and bring to the boil.
Place into an oven preheated to150 degrees Celsius
Stir the pot from time to time.

Halim

(This dish can be prepared with any kind of meat turkey, beef, lamb or even mincemeat)

2 whole onions
2 pounds cubed meat with a little fat
1/3 cup oil
1½ cup crushed wheat (pre-soaked)
7 cups water
4 onions cut into ½ moons and fried
5 tablespoons ground cinnamon
Sugar as needed

Method :

1) If you are making this dish with meat, use a pot that is suitable for baking or a hot plate.
Boil the water and place the meat into the pot.
After cooking for 10 minutes add the wheat and two whole onions.
If desired, add a pinch of salt.
Place the pot into an oven preheated to 150 degrees Celsius for the whole night, or place it on a hot plate on medium heat for the whole night.

2) If you are making this dish with mincemeat, make meatballs and fry in a little oil so that they don't fall apart during cooking.
Place in the meatballs, with the oil that is left in the pan after frying, in the pot with boiling water and continue as above.
The following morning, place the cooked dish in a bowl and sprinkle sugar and cinnamon over the top
Garnish with the fried onion.
Don't forget do stir from time to time.

حلیم

بوقلمون، گاو، گوسفند، یا گوشت چرخ شده به صورت کوفته قلقلی یا شفته

دو پاوند	گوشت با کمی چربی قطعه شده
دو عدد	پیاز
یک و نیم	
لیـــوان	گندم نیمه کوبیده خیس شده
هفت لیوان	آب
چهار عدد	پیاز برای پیاز داغ
ثلث لیوات	روغن برای پیاز داغ
پنج قاشق	دارچین کوبیده
شکر به مقدار کافی	

حلیم را می توانیم از چند نوع گوشت بپزیم

طرز تهیه :

۱) اگر حلیم را با گوشت می پزیم، در دیگی که مناسب فر و یا اجاق شبات باشد آب را به جوش می آوریم، گوشت را در دیگ می اندازیم و بعد از ده دقیقه جوشیدن، گندم و پیاز را می ریزیم. اگر مایل باشید می توانید کمی نمک بزنید و در فر گرم ۱۵۰ درجه شب تا صبح و یا به روی اجاق شبات شب تا صبح باقی بگذارید.

۲) اگر حلیم را با گوشت چرخی می پزیم، بهتر است که از گوشت (کوفته قلقلی) درست کنیم. باید با کمی روغن سرخ کنیم تا هنگام پختن له نشود و مابقی روغن را در دیگ می ریزیم. در هر دو شیوه، بعد از پختن غذا را در کاسه ای می ریزیم و به روی آن دارچین و شکر می پاشیم و با پیاز داغ زینت می دهیم. فراموش نشود که طول شب تا صبح که غذا در حال پخت است، یک تا دو بار هم میزنیم که ته نگیرد.

Meat

غذاهای گوشتی

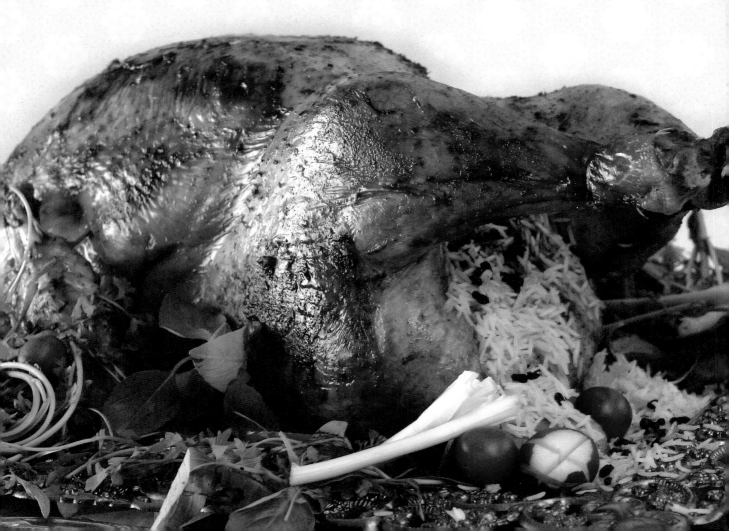

Burgers

2 pound mincemeat
¾ cup breadcrumbs
2 tablespoons zereshk (cranberries)
2 eggs
½ tablespoon ground cumin
1 grated onion
Salt, pepper and turmeric to taste
Oil as needed

Method:

In a bowl mix all the ingredients together and set aside for 2-3 minutes.
Make the mixture into burgers and fry in hot oil.
Remove and place on absorbent paper.
Serve on a bed of chopped lettuce and tomatoes.

کتلت

دو پاوند گوشت چرخ شده
یک عدد پیاز رنده شده
دو عدد تخم مرغ
دو قاشق زرشک
نیم قاشق زیره کوبیده
سه چهارم
لـیوان گرد نان
نمک، فلفل، زردچوبه و روغن به مقدار کافی

طرز تهیه:

در کاسه ای همه مواد را مخلوط می کنیم. دو تا سه دقیقه صبر می کنیم. آنها را به شکل کتلت گرد کوچک در می آوریم و در روغن سرخ می کنیم. بعد از خارج کردن از تابه، روی کاغذ آبگیری می گذاریم تا روغن آنها را جذب کند و برای سرو کردن به روی برش های کاهو و گوجه فرنگی قرار می دهیم.

طاس کباب (۱)

چهار عدد ران مرغ
سه عدد سیب زمینی
دو عدد پیاز
سه قاشق روغن زیتون
ده دانه آلو خشک برقانی
یک قاشق رب گوجه فرنگی
یک و نیم لیوان آب
نیم قاشق نمک، فلفل، گرد پاپریکا و گرد لیمو عمان

طرز تهیه:

ران ها را اگر می توانیم تکه می کنیم و در روغن سرخ می کنیم و از روغن بیرون می آوریم.
پیازها را حلقه حلقه می بریم و در همان روغن سرخ می کنیم. سیب زمینی را پوست می کنیم، حلقه حلقه می کنیم و در کاسه ای می ریزیم. رب گوجه فرنگی، گرد لیمو، پاپریکا، نمک، فلفل را با دو قاشق روغن می ریزیم و با هم مخلوط می کنیم.
در دیگی اول پیاز سرخ شده و روی آن ران های مرغ و روی ران ها آلو می ریزیم. سپس سیب زمینی ها را اضافه می کنیم، آب از کنار در دیگ می ریزیم و سرپوش می گذاریم.
هنگامی که جوش آمد، آتش را ملایم می کنیم تا آب آن خشک شود.

Tas Kebab

4 chicken legs
3 Potatoes, peeled and cut into rounds
2 onions cut into circles
3 tablespoons olive oil
10 prunes
1 tablespoon tomato paste
1½ cups water
½ tablespoon Persian lime powder
Salt, pepper and paprika to taste

Method:

Cut up chicken legs into pieces if possible, fry in olive oil and remove.
In the same oil fry the onions.
Place the potato rounds in a bowl and add tomato paste, lime powder, paprika, salt and pepper and two tablespoons of olive oil and mix well.
In a pot place the fried onions, prunes and chicken pieces.
Distribute the seasoned potato slices on the top.
From the side, so as not to disturb the ingredients, slowly add the water, cover the pot and bring to the boil.
Cook on a low flame until the liquids have evaporated.

Meat Roulade

It is preferable to use two kinds of meat to make this roulade.

750gr beef shoulder , minced
250gr beef neck?, minced
2 eggs
5 tablespoons bread crumbs
3 cloves of garlic chopped finely
½ cup tomato juice
½ cup olive oil
1/3 cup cranberries
1/3 cup pine nuts
1/3 cup sliced, dried apricots
Salt, pepper and paprika to taste

Method:

Preheat the oven to 170 degrees Celsius.
Mix all the ingredients together and set aside for ½ an hour.
Form into the shape of a roulade.
Place in an oiled baking tray and cover with aluminum foil.
Place in the preheated oven for 45 minutes.
Remove the foil and continue to bake for 15 minutes.
When serving slice into rounds.

رولت گوشت

بهتر است از دو نوع گوشت استفاده شود

یک ونیم پـاوند	گوشت شانه گاو چرخ شده
نیم پـاوند	گوشت گردن گاو چرخ شده
دو عدد	تخم مرغ
پنج قاشق	گرد نان
سه حبه	سیر ریز شده
نیم لیوان	آب گوجه فرنگی
نیم لیوان	روغن زیتون
ثلث لیوان	زرشک
ثلث لیوان	صنوبر
ثلث لیوان	زردآلوی خشک ریز شده
نمک، فلفل و گرد پاپریکا به مقدار لازم	

طرز تهیه:

در کاسه ای همه این مایعات را مخلوط می کنیم. خوب بهم میزنیم و مدت نیم ساعت می گذاریم تا خوب خودش را بگیرد. آن را به صورت رولت در ظرف مخصوص فر که کمی آن را چرب کردیم قرار می دهیم. روی آن را با کاغذ آلومینیوم می پوشانیم، و در فر به گرمای ۱۷۰ درجه مدت ٤٥ دقیقه می پزیم، سپس روکش آن را برمی داریم و پنج دقیقه دیگر به پختن آن ادامه می دهیم.
موقع سرو کردن غذا، آن را مانند رولت می بریم.

Meat and eggplant cutlets

1 pound mincemeat

1 roasted eggplant

1 chopped onion

2 eggs

3 tablespoons breadcrumbs

1 teaspoon lemon zest

4 pieces of sun-dried tomatoes in olive oil

Salt, pepper and a little saffron to taste

Oil for frying

Method:

Peel the roasted eggplant and chop it up together with the sun-dried tomatoes in a magi mix.

Mix in the remainder of the ingredients.

Set aside for 2-3 minutes.

Wet both hands and make small cutlets.

Fry in hot oil and place on absorbent paper.

کتلت گوشت و بادمجان

یک پاوند	گوشت چرخ شده
یک عدد	بادمجان کبابی شده
یک عدد	پیاز رنده شده
دو عدد	تخم مرغ
سه قاشق	گرد نان
یک قاشق	مرباخوری پوست لیموی تراشیده
چهار قطعه	گوجه فرنگی خشک شده در روغن
روغن، نمک، فلفل و کمی زعفران به مقدار کافی	

طرز تهیه :

بادمجان ها را پوست می کنیم و با قطعات گوجه فرنگی چرخ می کنیم و با مابقی مواد مخلوط می کنیم، و دو تا سه دقیقه می گذاریم بماند. دو دستمان را کمی خیس می کنیم و کتلت های کوچک درست می کنیم و در روغن داغ شده سرخ می کنیم و به روی کاغذ آبگیری می گذاریم.

کباب کوبیده

برای تهیه کردن کباب چرخی گوشت، از دو تا سه عضو گاو با کمی چربی گوشت گاو چرخ شده را با هم مخلوط می کنیم، و برای هر دو پاوند گوشت دو عد پیاز متوسط رنده می کنیم. نمک، فلفل و سیر رنده شده را با کمی پودر سودا به اضافه سه قاشق روغن مخلوط می کنیم تا خودش را بگیرد. مدت سه تا چهار ساعت در یخچال نگاه می داریم. هنگامی که از یخچال بیرون می آوریم، باز کمی ورز می دهیم. دست راستمان را کمی مرطوب می کنیم و با سیخ که به دست چپ داریم سیخ می کشیم. البته واضح است که با آتش نسبتا" تند گوشت را کباب می کنیم و گر نه از سیخ خواهد افتاد. برای کباب چرخی، از سیخ های پهن استفاده می کنیم.

شیشلیک کباب

برای شیشلیک کباب از هر نوع گوشت که دوست دارید به قطعه های تقریبا" کوچک می بریم و برای هر دو پاوند گوشت دو عدد پیاز رنده شده، نمک، فلفل، سه قاشق روغن، زردچوبه و پاپریکا اضافه می کنیم. در کاسه ای این سس را با گوشت مخلوط می کنیم و روی آنرا می پوشانیم و مدت یک شب در یخچال نگاه می داریم. هنگام سیخ کشیدن، از سیخ های باریک استفاده می کنیم و بین هر دو قطعه گوشت، یک تکه دنبه میگذاریم، و با آتش ملایم کباب می کنیم .

جوجه کباب

برای جوجه کباب درست کردن، از جوجه های کوچک و یا مرغ کرک می توانیم استفاده کنیم. از آبلیمو، نمک، فلفل، روغن و کمی زعفران، سس درست می کنیم و جوجه را در این سس می غلطانیم و مدت یک شب در یخچال نگاه می داریم. با آتش ملایم کباب می کنیم.

****

همه نوع کباب را می توانیم با برنج چلو (برنج سفید) و سبزی و ترشی جات سرو کنیم. برای آنکه خوشمزه تر باشد، باید هنگام سرو کردن، زرده تخم مرغ و کمی مارگارین با برنج مخلوط کنیم، سماق بپاشیم و با کباب میل کنیم.

Minced kebab

For this kebab use 2-3 different types of minced beef with a little fat all mixed together.

For every 2 pounds of mincemeat add 2 grated onions, salt, pepper and grated garlic, a little baking soda and 3 tablespoons of oil.

Mix the ingredients together well and refrigerate for 3-4 hours.

Remove from the fridge and knead the mixture a little with your hands.

Wet your right hand and take a metal kebab skewer in your left hand. With your wet right hand pack the mincemeat over the skewer.

Place the skewers with the meat onto a barbecue grid. If the heat is not high enough the meat will fall off the skewer, so make sure that it is quite hot.

Use the wide kind of skewers for these kebabs.

Shishlik kebab

For this kebab, use any kind of meat you prefer, chopped into small cubes.

For every 2 pounds of meat add 2 grated onions, salt, pepper, turmeric, paprika and 3 tablespoons of oil. Mix the ingredients together well.
Cover and refrigerate overnight.
The following day, place the meat onto thin metal skewers and between every 2 pieces of meat place one piece of fat.
Barbecue on a low heat.

Pullet kebabs (Juje)

For this kebab use the smallest pullets or quail.
Make a sauce from lemon juice, salt, pepper, oil and a little saffron and marinade the meat in the sauce overnight in the refrigerator.
Grill it on the barbecue on a low heat.

All these kebabs can be served with white rice, vegetables and pickles. The rice is tasty served with an egg yolk and a piece of margarine mix well and sprinkle with sumac. (Sumac is a kind of seasoning)

Stuffed turkey breast

3 pound turkey breast
1/3 cup pine nuts
10 pitted prunes
150gr mincemeat
2 cloves grated garlic
3 tablespoons breadcrumbs
¼ cup tomato juice
1 tablespoon Persian lime powder
2 onions chopped into 8 pieces each
Salt, pepper and saffron to taste
½ cup red wine
½ cup dry white wine
½ cup oil

Method:

Empty the insides of the turkey breast.
Mix mincemeat, tomato juice, matza meal, lime powder, salt, pepper, saffron and garlic in a bowl.
Open the turkey breast and spread the inside part with oil.
Season with salt, pepper and saffron.
Sprinkle ½ of the pine nuts and prunes evenly on ½ of the surface of the turkey breast.
Spread the mincemeat evenly on that half turkey breast and the remainder of the pine nuts and prunes over the top of the mincemeat.
Fold over the part of the turkey breast that hasn't any mincemeat on it and tie with a string for cooking purposes in a way that the mincemeat will remain inside while cooking.
Fry the turkey breast in a large pot and add onion pieces, turn over and fry evenly on both sides.
Add salt, pepper, saffron and lime powder to the pot.
Place the turkey breast along with the onions and oil from the pan into a baking dish.
Pour the red and white wine over the turkey breast.
Cover with aluminum foil and place in an oven for an hour and a half at 170 degrees centigrade.
From time to time moisten the turkey breast with the wine from the dish.
Before removing from the oven, remove foil and grill for a further 10 minutes until nicely browned.

سینه بوقلمون پر شده

سه پاوند سینه بوقلمون به وزن یک و نیم پاوند
ثلث لیوان صنوبر
ده عدد آلو سیاه بی هسته
۱۵۰ گرم گوشت چرخ شده
دو حبه سیر خرد شده
سه قاشق گرد نان
ربع لیوان آب گوجه فرنگی
یک قاشق گرد لیمو عمانی
دو عدد پیاز
نیم لیوان شراب قرمز
نیم لیوان شراب سفید خشک
نیم لیوان روغن
نمک، فلفل و کمی زعفران

طرز تهیه:

کمی از ضخامت داخلی سینه را می بریم، تا سینه کمی نازکتر شود.
گوشت و آب گوجه فرنگی را با آرد مصا، نمک، فلفل، زعفران، سیر و کمی گرد لیمو مخلوط می کنیم. لای سینه را باز می کنیم، کاملا" روغن مالی می کنیم، زیرا سینه بوقلمون خشک است. به روی روغن نمک، فلفل و پاپریکا می زنیم، صنوبر و آلو سیاه می گذاریم و گوشت چرخ شده را به روی آلو پهن می کنیم و با قاشق صاف می کنیم و دوباره صنوبر و آلو سیاه می چینیم و تکه دوم سینه را به روی اولی برمی گردانیم و با نخ آشپزی محکم می بندیم، به طوریکه هنگام پختن، گوشت چرخی از لای سینه خارج نشود.
سینه را درتابه بزرگی در روغن داغ از هر دو رو سرخ می کنیم، پیاز ها را به صورت تکه های درشت خرد می کنیم و در موقع سرخ کردن سینه در تابه اطراف آن می ریزیم تا با هم سرخ شود. نمک، فلفل و پاپریکا به قدر کافی می زنیم. گرد لیمو می پاشیم، از دیگ خارج می کنیم و در ظرف مخصوص فر سینه را میگذاریم، تکه های پیاز را اطراف آن می ریزیم و نصف لیوان شراب قرمز و نصف لیوان شراب خشک سفید داخل ظرف می ریزیم و روغن مانده را به روی سینه اضافه می کنیم و با کاغذ آلومینیوم می پوشانیم و با حرارت ۱۷۰ درجه مدت یک ساعت و نیم می پزیم. ولی گاهگاهی از اطراف سینه شراب و روغن را به روی سینه می ریزیم تا گوشت سینه خشک و سفت نشود.
قبل از بیرون آوردن گوشت از فر، کاغذ را برای ده دقیقه بر می داریم تا گوشت سینه کمی برشته شود.

Beef (Lungs)

2 pound lungs
2 chopped onions
2 tablespoons tomato paste
1 chopped red capsicum
1 tablespoon Persian lime powder
1/3 cup olive oil
3 cups of water
Salt, pepper and paprika to taste.

Method:

Chop lungs into small cubes, rinse well and boil.
Pour out the water and rinse again.
In a pot, fry the onions, add the lungs and
continue frying.
Add capsicum and continue frying for about 10
minutes.
Add all the water and season with salt, pepper,
paprika and lime powder.
Cover and cook for an hour and a half.
* For those who want to save time it is
recommended to cook this dish in a pressure
cooker for ¾ of an hour.

خـوراک ریه (گاو)

دو پاوند	ریه گاوو
دو عدد	پیاز خرد شده
دو قاشق	رب گوجه فرنگی
یک عدد	فلفل قرمز خرد شده ریز
یک قاشق	گرد لیمو عمانی
ربع لیوان	روغن زیتون
سه لیوان	آب
نمک، فلفل، کمی پاپریکا	

طرز تهیه:

ریه را به صورت قطعه های کوچک درمی آوریم و
یک دفعه آن را می جوشانیم. آب آن را دور می ریزیم
و ریه را می شوئیم. پیاز را سرخ می کنیم، ریه را به
پیاز سرخ شده اضافه می کنیم و به سرخ کردن ادامه
می دهیم.
تکه های فلفل را همچنین با ریه سرخ می کنیم و آب می
ریزیم نمک ، فلفل، پاپریکا رب گوجه فرنگی و گرد
لیمو اضافه می کنیم و سرپوش می گذاریم و برای مدت
یک ساعت و ربع آن را می پزیم.
اگر برای تهیه این غذا از دیگ زودپز استفاده شود،
بهتر خواهد بود.

Tas Kebab

2 pound beef or lamb shank with the bone cut into pieces
½ cup dry chickpeas
4-5 whole black Persian limes
1 chili pepper
2 tablespoons tomato paste
2 chopped onions
4 tablespoons olive oil
1 tablespoon lemon zest
Salt, pepper and saffron to taste

Method:

Soak the chickpeas in boiling water for 4-5 hours and peel them.
Fry the onions and meat together in the olive oil.
Add the limes and chili pepper and stir.
Add the tomato paste, lemon zest, salt, pepper and saffron.
Add 4 cups of water and bring to the boil.
Cook for an hour to an hour and a half on a medium flame.

طاس کباب (۲)

گوشت ماهیچه با استخوان، قطعه شده	دو پاوند
نخود کال	نیم لیوان
لیمو عمانی	سه عدد
فلفل قرمز ریز تند	یک عدد
رب گوجه فرنگی	دو قاشق
پیاز خرد شده	سه عدد
روغن زیتون	چهار قاشق
پوست لیموی رنده شده	یک قاشق
نمک، فلفل و کمی زعفران	

طرز تهیه:

برای مدت چهار - پنج ساعت نخود را در آب جوش خیس می کنیم و پوست آنها را می کنیم. پیاز و گوشت را سرخ می کنیم و لیمو عمانی و فلفل تند را به آن اضافه می کنیم. کمی بهم می زنیم. نمک و فلفل می ریزیم و چهار لیوان آب به آن اضافه می کنیم، سرپوش میگذاریم. بعد از جوش آمدن، آتش را ملایم می کنیم، نخود کال می ریزیم و برای مدت یک ساعت تا یک ساعت و نیم می پزیم. رب گوجه فرنگی با پوست لیمو و زعفران داخل دیگ می کنیم بعد از ده دقیقه جوشیدن، غذا آماده است.

Hamburger patties

2 pound mincemeat

1 grated onions

2 eggs

1/3 cup chickpea flour

2 grated cloves of garlic

1/2 tablespoon lemon zest

Salt, pepper, cumin and turmeric to taste

Oil as needed

Method:

Mix all the ingredients together and shape into
small hamburger patties.

Fry.

It is possible to freeze and reheat these
hamburgers.

كتلت گوشت

گوشت چرخ شده	دو پاوند
پیاز متوسط رنده شده	یک عدد
تخم مرغ	دو عدد
آرد نخودچی	ثلث لیوان
سیر ریز شده	دو حبه
پوست لیمو رنده شده	نیم قاشق
روغن، نمک، فلفل، زردچوبه و زیره به مقدارکافی	

طرز تهیه:

همه این مواد را در کاسه ای می ریزیم، با هم مخلوط می کنیم و به اندازه
کتلت، آنها را در روغن سرخ می کنیم. البته واضح است که کتلت را می
توانیم فریز کنیم و بعدا" در فر یا مایکرو ویوو گرم کنیم.

Chicken stuffed with rose petals

1 chicken
¾ cup red rose petals
2 tablespoons rosewater
1/3 cup slivered almonds
1/3 cup shelled pistachios
3 tablespoons sugar
4 tablespoons olive oil
1 cup half-cooked rice
Salt, pepper, cumin and paprika to taste

Method:

Fry the almonds and pistachios in 2 tablespoons of olive oil and remove from the stove.
Add the sugar, rosewater rice and rose petals and mix.
In a bowl mix the remainder of the oil with salt, pepper, cumin and paprika.
Spread the insides and skin of the chicken with this mixture.
Stuff the chicken with the rice mixture and close it up with wooden toothpicks.
It there is any left over rice, stuff the chicken leg by separating the skin from the meat and stuffing the rice between the skin and the leg.
Place the chicken on a baking dish with a rim and cover with aluminum foil.
Bake in a pre-heated oven for an hour and a half at 180 degrees centigrade.
10 minutes before taking the chicken out of the oven, remove the aluminum foil and grill until golden.

*Alternative baking method: place the chicken in a cookie bag instead of covering it with aluminum foil.

مرغ پر شده با گل سرخ

سه ربع	
لــیوان	گلبرگ گل سرخ
یک عدد	مرغ
دو قاشق	گلاب
ثلث لیوان	خلال بادام
ثلث لیوان	پسته پوست کنده شده
سه قاشق	شکر
چهار قاشق	روغن زیتون
یک لیوان	برنج نیمه پخته
نمک، فلفل، پاپریکا، کمی زیره کوبیده	

طرز تهیه :

در تابه با دو قاشق روغن برای دو ثانیه پسته و بادام را سرخ می کنیم. از روی آتش برمی داریم، شکر و گلاب را اضافه می کنیم، بهم می زنیم و برنج و گل سرخ می ریزیم و کنار می گذاریم. مابقی روغن را با نمک و فلفل و پاپریکا و زیره کوبیده مخلوط می کنیم. از داخل و بیرون، مرغ را با روغن مخلوطی می مالیم و شکم مرغ را از برنجی که مخلوط کرده ایم پر می کنیم و با خلال دندان دو سر شکم را بهم وصل می کنیم.

اگر از برنج اضافی داریم، بین ران ها و پوست مرغ را پر می کنیم. مرغ را در ظرف لبه داری می گذاریم، به رویش کاغذ آلومینیوم می کشیم و برای یک ساعت و نیم در فر ۱۸۰ درجه که قبلا" گرم شده می گذاریم و ده دقیقه قبل از بیرون آوردن مرغ از تنور، کاغذ آلومینیوم را بر می داریم تا مرغ برشته شود.

می توانیم به طریق دیگر مرغ را در کیسه های نایلونی مخصوص آشپزی بگذاریم.

Chicken incitrus juice

1 whole chicken
1 carrot
2 chopped onions
1/3 cup slivered orange peel
½ cup olive oil
1/3 cup pistachio and slivered almonds
3 tablespoons fresh lemon juice
1 cup water
1 teaspoon saffron
2 peeled oranges cut into slices
1 tablespoon orange jam
1/3 cup raisins
10 dried prunes (aloo buchara)
¼ cup zereshk

Method:

Place the orange zest in a bowl and pour boiling water over it 2-3 times, changing the water each time.
Rinse with regular tap water.
Rinse the chicken and place in a sieve.
Sliver the carrot.
Rinse the raisins, dried prunes and zereshk together.
Lightly fry the slivered carrots in 3 tablespoons of oil, add the dried fruit and remove from the flame.
Add saffron and orange peel and mix together.
Stuff the chicken with the dried fruit mixture and tie the legs with a piece of string.
Fry the onions in a pot in a little oil until golden.
Place the chicken into the pot and fry it on both sides.
Remove the chicken and fried onions from the pot and place them into a pyrex dish.
Make a sauce from the lemon juice, water, saffron and jam and pour it over the chicken.
Place the slices of oranges around the chicken and if there is any of the dried fruit mixture left over, add it to the orange slices around the chicken.
Cover with aluminum foil and place in a preheated oven at 170 degrees for an hour and a half.
Check the chicken after 45 minutes and if it lacks liquid add some water to the pyrex dish.

مرغ با آب مرکبات

یک عدد مرغ
یک عدد هویج
دو عدد پیاز خرد شده
ثلث لیوان خلال پوست پرتقال
نیم لیوان روغن زیتون
ثلث لیوان خلال پسته و بادام
سه قاشق آبلیموی تازه
یک لیوان آب
یک قاشق مرباخوری زعفران
دو عدد پرتقال بدون پوست به صورت حلقه های بریده شده
یک قاشق مربای پرتقال
ثلث لیوان کشمش
ده عدد آلو بخارائی
ربع لیوان زرشک

طرز تهیه:

خلال پوست پرتقال را در کاسه ای می ریزیم و دو تا سه مرتبه آب جوش روی آن می ریزیم، و آب عوض می کنیم و بعدا" با آب معمولی می شوئیم. مرغ را خوب شسته در آبکش می گذاریم، تا آب آن برود. هویج را خلال می کنیم، کشمش و آلو بخارا و زرشک را می شوئیم.
با سه قاشق روغن زیتون، اول هویج را سرخ می کنیم، سپس میوه های خشک را با آن تفت می دهیم، از روی آتش بر میداریم، زعفران و خلال پرتقال را به آن اضافه می کنیم، و بهم می زنیم. شکم مرغ را با میوه های خشک تفت داده، پر می کنیم، و دو پای مرغ را با نخ می بندیم که باز نشود. پیاز را در دیگ سرخ می کنیم، تا طلائی شود، مرغ را روی آن می گذاریم، تا سرخ شود. وقتی که یک روی آن سرخ شد، طرف دیگر را سرخ می کنیم.
مرغ را از دیگ بیرون می آوریم و در ظرف نسوز می گذاریم.
از آبلیمو، مربا، آب، و مقداری زعفران سس درست می کنیم و روی مرغ می ریزیم. اطراف آن را حلقه های پرتقال می چینیم، و اگر از مواد میوه ها باقی مانده در کنار مرغ می ریزیم، و روی آن را با کاغذ آلومینیوم می پوشانیم. در فر گرم ۱۷۰ درجه مدت یک ساعت و نیم می گذاریم بپزد. هر ٤٥ دقیقه ای می بینیم اگر کمبود آب دارد، از اطراف مرغ آب را اضافه می کنیم.

Stuffed chicken

1 chicken
1 cup half-cooked rice
1 tablespoon tomato paste
2 tablespoons oil
1 tablespoon soya sauce
3 tablespoons citrus syrup
1 tablespoon honey
2 tablespoons zereshk
¼ cup slivered almonds
¼ cup small black raisins
Salt, pepper, paprika and saffron to taste

Method :

In a bowl make a sauce from the tomato paste, soya sauce, citrus syrup, honey, oil, salt, pepper, paprika and saffron.
Spread the insides and skin of the chicken with this sauce.
Add the rice, zereshk, almonds, and raisins to the bowl and mix it with what is left of the sauce.
Fill the chicken with this rice mixture.
If there is any rice mixture left over use it to stuff the chicken leg by separating the skin at the joint of the leg.
Close up the chicken with wooden toothpicks.
Place it in a dish with a rim and cover with aluminum foil.
Bake in a pre-heated oven for an hour and a half at 180 degrees centigrade.
10 minutes before taking the chicken out of the oven, remove the aluminum foil to grill the chicken until nicely golden.

* Half-cooked rice – means to boil the rice for 10 minutes

مرغ پُر شــده

یک عدد	مرغ
یک لیوان	برنج نیمه پخته
یک قاشق	رب گوجه فرنگی
دو قاشق	روغن
یک قاشق	سس سویا
سه قاشق	شربت مرکبات
یک قاشق	عسل
دو قاشق	زرشک
ربع لیوان	بادام خلال شده
ربع لیوان	کشمش ریز سیاه
نمک، فلفل، پاپریکا و زعفران	

طرز تهیه :

در کاسه ای از رب گوجه فرنگی، سس سویا، شربت مرکبات، عسل، روغن، نمک، فلفل، پاپریکا و زعفران سس درست می کنیم. داخل و بیرون مرغ را سس مالی می کنیم. در همان کاسه با مابقی سس برنج را با زرشک، خلال بادام، و کشمش مخلوط می کنیم، شکم مرغ را پر می کنیم. اگر از برنج باقی مانده، بین پوست و ران های مرغ را پر می کنیم و با خلال دندان دو طرف شکم مرغ را بهم وصل می کنیم.

مرغ را در ظرف لبه داری می گذاریم به روی آن کاغذ آلومینیوم می کشیم. در فر گرم شده از قبل با درجه ۱۸۰ مدت یک ساعت و نیم می پزیم. ده دقیقه قبل از بیرون آوردن مرغ از تنور، کاغذ آلومینیوم را برمی داریم تا مرغ برشته رنگ شود.

* مقصود از برنج نیمه پخته این است که برنج ده دقیقه جوشیده باشد.

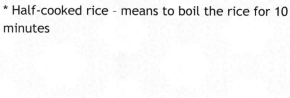
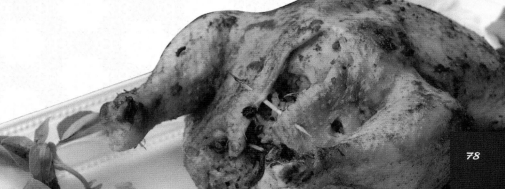

Chicken breast with vegetables

2 pound chicken breast
1 red pepper
1 green pepper
2 scallions
2 carrots
1 zucchini
1 cup chopped cabbage
4 cloves garlic
1 cup bean sprouts (any)
½ cup olive oil
1 tablespoon Persian lime powder
2 tablespoons soya sauce
1 tablespoon sugar
Salt, pepper and turmeric to taste
It is preferable to prepare this dish in a wok

Method:

Chop the vegetables into large pieces.
Chop the chicken breast into smaller pieces than the vegetables.
Chop the garlic and fry in half of the olive oil.
Add the chicken breast and continue frying.
Remove from the pan and place in a dish.
With the rest of the oil fry firstly the cabbage, then the carrots, thereafter the red and green peppers followed by the zucchini, the scallions and lastly the bean sprouts.
Increase the flame in order for the liquids to evaporate.
Once the liquids have evaporated add the meat from the dish and season with salt, pepper and tumeric.
Mix well and the add lime powder, soya sauce and sugar.
Continue cooking and stirring for another 3 minutes.
Remove from the stove and serve.

سینه مرغ با سبزیجات

دو پاوند	سینه مرغ
یک عدد	فلفل قرمز
یک عدد	فلفل سبز
دو عدد	پیازچه
سه عدد	هویج
یک عدد	کدو سبز
یک لیوان	کلم خرد شده
چهار حبه	سیر
یک لیوان	جوانه سبزیجات
نیم لیوان	روغن زیتون
یک قاشق	گردلیمو عمانی
دو قاشق	سس سویا
یک قاشق	شکر
نمک، فلفل، زردچوبه به مقدار کافی	

(برای این غذا بهتر است که از تابه وک استفاده کنید.)

طرز تهیه:

سبزیجات را نیمه درشت خرد می کنیم. تکه های سینه را به قطعات کوچک می بریم. سیر را خرد می کنیم و و توسط نیمی از روغن با سینه سرخ می کنیم و از تابه بیرون می آوریم. دو مرتبه در تابه مابقی روغن را می ریزیم و سبزیجات را به ترتیب: اول سیر وکلم و بعد هویج، فلفل، کدو، پیازچه و جوانه سبزیجات را می ریزیم و مرتب بهم می زنیم. آتش را کمی تندتر می کنیم که آب نیندازد! سپس گوشت سینه را اضافه می کنیم. هم می زنیم. گردلیمو، سس و شکر را به سبزیجات میافزائیم و بعد ازسه تا چهار دقیقه از روی آتش برمی داریم. برای سرو کردن آماده است.

Liver and puree dish

5 potatoes
1 table spoon margarine
½ cup soya milk
Salt and pepper to taste

½ kg chicken or turkey liver
2 onions cut into rings
1 table spoon flour
Salt, pepper and chili sauce to taste
Oil as needed

Method:
Boil the potatoes in water and then peel them.
Mash them in a pot with a pureeing utensil.
Add salt, pepper and margarine.
Mix and add the soya milk.
Return to a low flame, cook for two minutes and set aside.
Sprinkle flour over the onion rings and fry in oil.
Add the liver and season with salt, pepper and chili sauce and continue frying.
After a few minutes cover the pan for 10 minutes.
On a serving plate place the puree and flatten it out.
Place the liver on top in the center and garnish with parsley leaves.

غذای جگر با پوره

پنج عدد   سیب زمینی
یک قاشق   مارگارین
نیم لیوان   شیر سویا
یک پاوند   جگر مرغ یا بوقلمون
دو عدد   پیاز حلقه بریده شده
یک قاشق   آرد
نمک، فلفل، سس چیلی و روغن برای سرخ کردن

طرز تهیه پوره:

سیب زمینی ها را با آب می جوشانیم، پوست می کنیم، و با کفگیر پوره کوبی آنها را در دیگی له می کنیم، و نمک و فلفل می زنیم، مارگارین را به آن اضافه می کنیم و با قاشق خوب بهم می زنیم و شیر سویا را اضافه می کنیم و دو دقیقه روی آتش بهم می زنیم.

طرز تهیه جگر:

پیاز را آرد می پاشیم و در روغن داغ سرخ می کنیم و قطعه های جگر را به پیاز اضافه می کنیم. نمک، فلفل و سس چیلی می زنیم و به سرخ کردن ادامه می دهیم. بعد از چند دقیقه سرپوش می گذاریم تا با کمک حرارت بپزد. مدت نگهداری جگر در تابه ده دقیقه است.
در دیس اول پوره را می ریزیم و با چاقو آن را صاف می کنیم و روی پوره تکه های جگر را می چینیم و اطراف دیس را با برگهای جعفری زینت می دهیم.

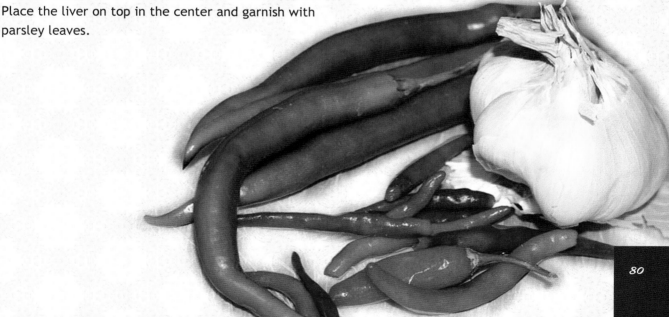

Pullet stew
(Juje mosama)

4-6 chicken pullet legs
2 onions cut into rings
2 medium sized eggplants
1/3 cup unripe grapes
3 tomatoes
2 tablespoons tomato paste
Salt, pepper, saffron and paprika to taste
Oil as needed

Method:

Cut the eggplants into quarters, salt and set aside for an hour.
Rinse and fry in a little oil and set aside.
In 3 tablespoons of oil fry the onions until only a little soft.
Add the chicken legs and continue to fry.
Add salt, pepper, paprika, 2 cups of water and stir.
Add saffron and cook on a low flame for 45 minutes.
Place the tomatoes into boiling water for a few minutes so that they are easy to peel.
Peel, empty out the seeds and cut into small cubes.
In 3 tablespoons of oil fry the unripe grapes and add the cubed tomatoes.
Add the tomatoes and unripe grapes to the pot with the chicken legs when they are boiling.
Place the eggplants into another pot with tomato paste and a cup of water, salt, pepper and paprika.
Stir and cook on a low flame for 20 minutes.
To serve, place the chicken pullets in a serving dish and arrange the eggplant pieces between them.
Mix the sauce from the chicken pullets and the eggplants together and pour it over the chicken and eggplants in the serving dish.
Serve with white rice.

جوجه مُسما

ران جوجه	٤ تا ٦
حلقه بریده شده	دو پیاز
بادمجان کوچک	٦ عدد
غوره	ثلث لیوان
گوجه فرنگی	سه عدد
رب گوجه فرنگی	دو قاشق

روغن، نمک، فلفل، پاپریکا و زعفران به مقدار کافی

طرز تهیه:

بادمجان ها را با پوست می کنیم و نمک می زنیم و بعد از یک ساعت شسته و خشک می کنیم و در روغن داغ سرخ می کنیم. با سه قاشق روغن، پیاز را نیمه سرخ می کنیم. ران های جوجه را اضافه می کنیم به سرخ کردن ادامه می دهیم. نمک، فلفل و پاپریکا اضافه می کنیم، بهم می زنیم و دو لیوان آب می ریزیم، زعفران می زنیم و با آتش ملایم می پزیم.

گوجه فرنگی ها را در آب جوش فرو می کنیم، تا پوست آنها به آسانی کنده شود. آن گاه از وسط نصف می کنیم و تخم های گوجه را بیرون می آوریم و تکه های ریز می کنیم. با سه قاشق روغن، غوره را سرخ می کنیم. گوجه فرنگی را به غوره اضافه می کنیم و با هم کمی سرخ می کنیم، در دیگ می ریزیم به جوشاندن و ادامه می دهیم و برای ٤٥ دقیقه با آتش ملایم می پزیم. بادمجان ها را در دیگ کوچکی می چینیم، رب گوجه فرنگی را با یک لیوان آب نمک، فلفل و پاپریکا مخلوط سازیم و برای ٢٠ دقیقه دم می کنیم.

هنگام کشیدن غذا، تکه های جوجه را در ظرف می چینیم، بادمجان ها را لابلای جوجه ها میگذاریم و رب بادمجان و رب جوجه ها را با هم مخلوط می کنیم و بر روی جوجه مسما می ریزیم.

مسما بادمجان را می توانیم با برنج سفید سر میز ببریم.

Chicken or Turkey breast Schnitzel

(Ask your butcher to prepare the breast for schnitzel)

2 pounds Chicken or Turkey breast
2 eggs
1 Cup bread crumbs
½ tablespoon Sumac (finely ground)
½ teaspoon ground saffron
1/3 Cup sesame seeds
Salt, pepper and Turmeric to taste
Oil for frying

Method:

Place the pieces of Turkey or Chicken breast in a plate and season with salt, pepper and Sumac. Set aside for 3-4 minutes.
Break the eggs in a bowl and mix in salt, pepper, turmeric and saffron.
Add 2 tablespoons of water and mix.
Place the pieces of Turkey or Chicken breast into the egg mixture until they are well coated and leave to soak for a few minutes.
Place the breadcrumbs in one flat plate and the sesame seeds in another.
Remove the pieces of Turkey or Chicken breast from the egg mixture and coat them first with breadcrumbs and them with sesame seeds.
Fry in hot oil, remove and place on an absorbent paper towel.
You can prepare this schnitzel 2-3 hours before and reheat when serving. I recommend serving this dish with assorted pickles.

شنیتسل سینه مرغ یا بوقلمون

دو پاوند   گوشت سینه مرغ یا بوقلمون
(از قصاب بخواهید برایتان گوشت سینه را ببرد)
دو عدد   تخم مرغ
یک لیوان   گرد نان کوبیده
نیم قاشق   سماق کوبیده نرم
نیم قاشق
مرباخوری   زعفران سائیده شده
ثلث لیوان   کنجد
نمک، فلفل، زردچوبه، به مقدار کافی، روغن برای سرخ کردن

طرز تهیه:

قطعه های سینه را در بشقابی می چینیم، مقدار کمی نمک، فلفل و سماق می پاشیم و برای سه یا چهار دقیقه کنار می گذاریم.
تخم مرغ ها را در کاسه ای می شکنیم. با نمک، فلفل، زردچوبه و زعفران مخلوط می کنیم و دو قاشق آب می ریزیم، بهم می زنیم، و تکه های سینه را در تخم مرغ می غلطانیم. چند دقیقه ای میگذاریم در تخم مرغ بماند . در بشقاب تخت گرد نان می ریزیم، و در بشقاب جداگانه دیگرکنجد را می ریزیم. قطعه های سینه را از تخم مرغ خارج می کنیم و در گرد نان می غلطانیم. سپس در کنجد و در روغن داغ تابه سرخ می کنیم، به روی کاغذ آبگیری می گذاریم.
می توانیم شنیتسل را دو تا سه ساعت قبل از سرو کردن حاضر کنیم، و بعدا" گرم کنیم. این نوع شینتسل را با ترشی جات سرو می کنیم.

Nargesi

خورش ها

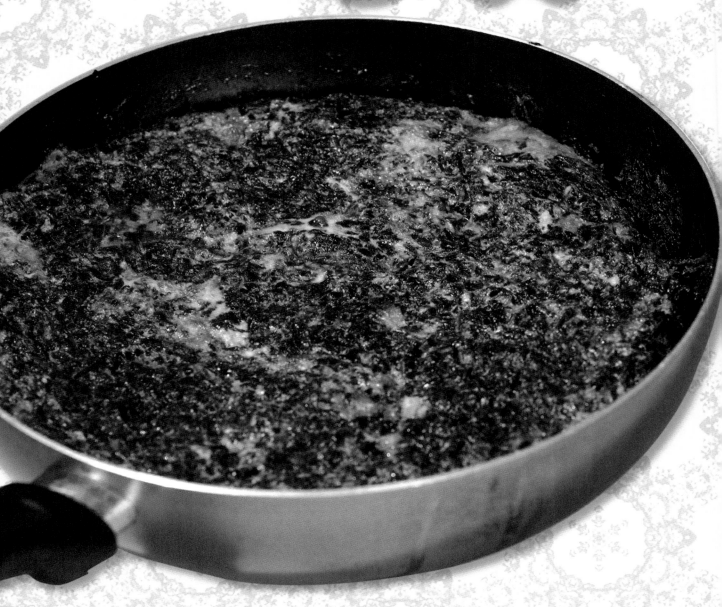

Nargesi (pie)

300gr mincemeat
1 grated onion
2 chopped onions
1½ Cups water
½ tablespoon Persian lime powder
1/3 Cup ground pecan nuts
3 tablespoons onion flakes
1/3 cup of each of the following, all fresh and chopped: parsley, tarragon, basil (not the strong kind), and coriander
3 chopped celery leaves
4 eggs + 2 tablespoons water
5 tablespoons oil
½ tablespoon baking powder
Salt, pepper and turmeric to taste

Method:

Mix the mincemeat and grated onion with a little salt and pepper.
Make meatballs and fry in two tablespoons of hot oil and set aside.
In the same pan, fry the chopped onions with the remainder of the oil.
Add all the chopped fresh herbs and celery leaves, remove from the stove and allow to cool a little.
Break the eggs in a bowl and fold in the water.
Place the fresh herbs in a medium sized pot and add salt, pepper, tumeric, lime powder, nuts, baking powder, onion flakes and meatballs.
Add all the water and stir until ingredients are evenly distributed.
Add the eggs and stir again.
Cover and cook on a low heat for 20-25 minutes until the liquids have evaporated.
Allow to cool a little and use a knife to loosen the pie from the edges of the pot. Cut into pieces and serve.

نرگـسـی

یک پاوند	گوشت چرخ شده
یک عدد	پیاز رنده شده
یک عدد	پیاز خرد شده ریز
نیم قاشق	گرد لیمو عمانی
ثلث لیوان	گردوی چرخ شده
یک قاشق	پیاز خشک خرد شده
یک لیوان	از هر یک: جعفری، ترخون، ریجان گشنیز خرد شده
سه برگ	جوان کرفس ریز شده
پنج عدد	تخم مرغ
دو قاشق	آب
پنج قاشق	روغن
نیم قاشق	گرد بیکینگ پاودر
یک و نیم	
لـیـوان	آب
نمک، فلفل و زردچوبه به مقدار کافی	

طرز تهیه:

گوشت و پیاز رنده شده و نمک و فلفل را با هم مخلوط می کنیم و آنها را به صورت کوفته قلقلی (شفته) درمی آوریم و در تابه با دو قاشق روغن داغ سرخ می کنیم و در بشقابی میگذاریم. در همان تابه، پیاز خرد شده را با بقیه روغن سرخ می کنیم و سبزیها را به پیاز سرخ شده اضافه می کنیم و از روی آتش برمی داریم. کمی صبر می کنیم تا خنک شود. تخم مرغ ها را با دو قاشق آب می زنیم تا از هم باز شود. سبزیها را در دیگ متوسطی می ریزیم و نمک، فلفل و زردچوبه به قدر کافی اضافه می کنیم. گرد لیمو، گردو، بیکینگ پاودرو پیاز خشک را به سبزیها اضافه می کنیم. همچنین کوفته ها (شفته) و آب را اضافه می کنیم و بهم می زنیم تا خوب مخلوط شود. تخم مرغ ها را میریزیم و بهم می زنیم، و با سرپوش روی آتش ملایم می گذاریم تا آب آن تقریبا" خشک شود. مدت پختن ۲۰ ــ ۲۵ دقیقه است.
هنگام سرو کردن، با چاقو اطراف نرگسی را از دیگ جدا می کنیم و آنها را قطعه قطعه می بریم .

Artichoke broth (Kangar)

2 pounds chopped beef shank
2 pounds kangar (2 packets of 9oz ready made kangar)
2 chopped onions
2 tablespoons tomato paste
4 cups water
1 tablespoon Persian lime powder
½ cup chopped mint
½ cup chopped parsley
Salt, pepper and oil

Method:

Fry the onions in a little oil and add the meat.
Continue frying and season with salt and pepper.
Add 4 cups water and cover.
Bring the broth to the boil, lower the flame and cook for one hour.
Fry the Kangar in 3 tablespoons of oil and set aside.
In the same pan, add 1 tablespoon of oil and lightly fry the mint and parsley leaves.
When the broth has cooked for an hour, add the kangar with lime powder, tomato paste and ½ the quantity of mint and parsley.
Stir, taste and add seasoning if necessary.
Continue cooking for a further 30 minutes.
When serving, garnish with the remainder of the mint and parsley leaves.
· To prepare the Kangar, clean them properly by placing them in a bowl of water until the soil comes out. Rinse them well, place in a sieve, remove the thorns and cut into pieces about 4cm in size.

خورش کنگر

دو پاوند ماهیچه گاو قطعه شده
دو پاوند کنگر تازه (دو بسته حاضری)
دو پیاز خرد شده
دو قاشق رب گوجه فرنگی
یک لیتر آب
یک قاشق گرد لیمو عمانی
نیم لیوان نعنای خرد شده
نیم لیوان جعفری خرد شده
روغن، نمک و فلفل به مقدار کافی

طرز تهیه:

دردیگی با سه قاشق روغن، پیاز را تفت می دهیم. گوشت را به آن اضافه می کنیم و با هم سرخ می کنیم. نمک و فلفل می زنیم. آب را اضافه می کنیم و با گذاشتن سرپوش، خورش را جوش می آوریم. آتش را ملایم می کنیم و برای مدت یک ساعت می پزیم. کنگر را با سه قاشق روغن سرخ می کنیم، در بشقابی می ریزیم و در همان تابه با اضافه کردن یک قاشق روغن، نعنا و جعفری را سرخ می کنیم. بعد از یک ساعت پختن گوشت، کنگر را با نصف مقدار از نعنا، جعفری، گرد لیمو و رب گوجه فرنگی در دیگ می ریزیم، بهم می زنیم و می چشیم. اگر کسری مزه دارد اضافه می کنیم و برای نیم ساعت دیگر به پختن ادامه می دهیم. هنگام سرو غذا، بقیه نعنا و جعفری را به روی خورش می پاشیم.

* طرز تمیز کردن کنگر تازه: اول کنگر را در ظرف آبی خیس می کنیم تا گِل آن شسته شود. سپس دو دفعه دیگر خوب آنها را می شوئیم که گل نداشته باشد، در آبکشی می ریزیم تیغ های آن را می بریم و آن را به قطعه های چهار سانتیمتری میبریم .

Aloo Buchara Broth (Aloo Buchara – Persian prune)

2 pound beef, lamb or turkey shank
2cup Aloo Buchara
1 cup chopped fresh parsley
1 cup chopped fresh mint
2 chopped onions
1 tablespoon pomegranate sauce
Salt, pepper and paprika to taste
Oil as needed

Method:

Cut the meat into pieces as desired.
Fry the onion in a little oil, add the meat and continue frying.
Add salt, pepper and paprika and continue frying mixing in the seasoning.
Add 4 cups of water, cover and bring to the boil.
Lower the flame and cook for an hour.
Fry the fresh herbs together and add to the pot together with aloo bachara and pomegranate sauce.
Continue cooking for a further 20 minutes.
For those who like saffron, a pinch can be added at the end.

خـورش آلـو بـخـارا

گوشت ماهیچه قطعه شده	دو پاوند
آلو بخارا	دو لیوان
جعفری	یک لیوان
نعنا	یک لیوان
پیاز خرد شده	دو عدد
رب انار	یک قاشق
روغن، نمک، فلفل و پاپریکا به مقدار کافی	

طرز تهیه:

پیاز را در روغن تفت می دهیم، گوشت را به آن اضافه می کنیم، و با هم سرخ می کنیم. نمک، فلفل، گرد پاپریکا می زنیم، چهار لیوان آب به آن اضافه می کنیم ، سرپوش می گذاریم، بعد از جوش آمدن آتش را ملایم می کنیم و مدت یک ساعت می پزیم. نعنا و جعفری را با کمی روغن سرخ می کنیم، داخل دیگ می ریزیم، آلو و رب انار به آن اضافه می کنیم و ۲۰ دقیقه به پختن ادامه می دهیم.(اگر کسری آب داشته باشد اضافه میکنیم) . کسانیکه مایل باشند می توانند زعفران نیز اضافه کنند.

Fresh bagaly (Egyptian broad beans) Broth

(Peel both the internal and external skins)

2 pound beef shank cubed

750gr. bagaly(after peeling)

2 chopped onions

3 chopped tomatoes

1 cup chopped parsley

1 cup chopped mint leaves

1/3 cup lemon juice

4 cups water

½ spoon grated lemon zest

Olive oil

Salt, pepper and turmeric to taste

Method:

Fry onions in olive oil, add beef shank and continue frying.

Add salt, pepper and turmeric.

Add all the water and cook for an hour.

When the meat is medium-soft add bagaly, tomato paste, lemon juice, lemon zest.

Before serving, lightly fry the mint and parsley together and add ½ of the quantity to the pot and the other half use to garnish when serving.

خورش باقالی سبز

دو پاوند	گوشت ماهیچه قطعه شده
۷۵۰ گرم	باقالی دو پوسته شده
یک عدد	پیاز خرد شده
دو عدد	گوجه فرنگی خرد شده
یک لیوان	جعفری ساطوری شده
یک لیوان	نعنای خرد شده
ثلث لیوان	آبلیمو
یک لیتر	آب
نیم قاشق	پوست لیموی تراشیده شده
	روغن، نمک، فلفل و زردچوبه به قدر کافی

طرز تهیه:

پیاز را سرخ می کنیم، گوشت را به آن اضافه می کنیم، و با هم سرخ می کنیم. نمک، فلفل، زردچوبه و آب را می ریزیم و یک ساعت آن را می پزیم. موقعی که گوشت تقریبا" نرم شد، باقالی و گوجه فرنگی را اضافه می کنیم، آبلیمو و پوست لیمو می ریزیم تا خوب بجوشد و کم آب باشد. قبل از سرو کردن غذا، جعفری و نعنا را با هم سرخ می کنیم، نصف آنرا در دیگ می ریزیم، مابقی را هنگام سرو غذا، روی خورش می پاشیم.

Green bean broth

2 pounds cubed beef or mutton
5 small eggplants
2 tablespoons tomato paste
2 chopped, fried onions
2 tablespoons lemon juice
½ teaspoon saffron
1 pound green beans cut into pieces
Salt, pepper and turmeric to taste
Oil as needed

Method:

Peel and salt the eggplants and set aside for an hour.
Rinse and dry them.
Fry the eggplants in hot oil and place them in a pot with 1 tablespoon of tomato paste, salt, pepper, saffron and a cup of water.
Cook on a low flame for about 20 minutes.
In another pot place the fried onions and cubed meat and fry.
Add salt, pepper and turmeric, 4 cups of water and bring to the boil.
Lower the flame and cook for an hour.
Fry the green beans in 2 tablespoons of oil and cook with 1 cup of water for 10 minutes, until the water has evaporated.
When the meat is ready, add the green beans, 1 tablespoon tomato paste as well as the tomato juice that the eggplants were cooked in and lemon juice.
Boil for a further 2-3 minutes and dish the broth up in a serving bowl, placing the eggplants around the rim.
Serve with white rice.

خورش لوبیا سبز

دو پاوند گوشت گاو یا بره قطعه شده
پنج عدد بادمجان کوچک
دو قاشق رب گوجه فرنگی
دو عدد پیاز سرخ شده
دو قاشق آبلیمو
نیم قاشق مرباخوری زعفران
یک پاوند لوبیا سبز خرد شده
روغن، نمک، فلفل و زردچوبه به مقدار کافی

طرز تهیه:

بادمجان ها را پوست می کنیم، نمک می زنیم، و بعد از یک ساعت می شوئیم و خشک می کنیم، و در روغن داغ سرخ می کنیم، و با یک قاشق رب گوجه فرنگی، کمی نمک، فلفل، زعفران ویک لیوان آب دم می کنیم. پیاز سرخ شده را در دیگ می ریزیم، و قطعه های گوشت را با پیاز سرخ می کنیم. نمک، فلفل و زردچوبه را اضافه می کنیم، و با چهار لیوان آب جوش می آوریم و با آتش ملایم برای یک ساعت می پزیم.

لوبیا را با دو قاشق روغن سرخ می کنیم، و با یک لیوان آب برای ده دقیقه می پزیم، تا بی آب شود. بعد از پخته شدن گوشت، لوبیا را در دیگ می ریزیم، یک قاشق رب گوجه فرنگی اضافه می کنیم، آبلیمو می ریزیم، بعد از دو تا سه دقیقه جوشیدن در کاسه می ریزیم، رب بادمجان ها را در دیگ می ریزیم، هنگام سرو کردن بادمجان ها را اطراف کاسه می چینیم، و با برنج سفید سرو می کنیم.

Rhubarb Broth

2 pounds beef or turkey meat
2 chopped onions
3 stalks of rhubarb
1 tablespoon honey
½ cup chopped mint
½ cup chopped parsley
Salt and pepper to taste
Oil as needed

Method:

Cut the meat into medium sized cubes and fry with the onions in a little oil.
Place in a pot, add salt, pepper and 3 cups of water and cover.
After it boils, lower the flame and cook for an hour and a quarter.
Cut the rhubarb leaves off and dispose of them.
Cut the stalks into pieces of 5cm and fry in a little oil with the mint and parsley.
Add the rhubarb mixture to the pot with the honey and stir.
Cook for a further 10 minutes and remove from the flame.

خـورش ریواس

دو پاوند	گوشت گاو یا بوقلمون
دو عدد	پیاز خرد شده
سه شاخه	ریواس
یک قاشق	عسل
نیم لیوان	نعنای خرد شده
نیم لیوان	جعفری خرد شده
نمک، فلفل و روغن به مقدار لازم	

طرز تهیه:

گوشت را به صورت تکه های متوسط می بریم و با پیاز سرخ می کنیم. نمک و فلفل میزنیم. و یک لیتر آب می ریزیم، سرپوش میگذاریم، آنرا جوش می آوریم و آتش را ملایم می کنیم، مدت یک ساعت و ربع می پزیم.
برگ های ریواس را می بریم و ساقه ها را به صورت قطعه های پنج سانتی می بریم در روغن با نعنا و جعفری سرخ می کنیم، و عسل را به آن اضافه می کنیم و در دیگ می ریزیم، بهم می زنیم و بعد از ده دقیقه جوشیدن، از روی آتش بر می داریم.

Quince Broth

2 pound boneless beef or lamb diced

2 chopped onions

3 medium quinces

2 tablespoons tomato paste

2 tablespoons paprika

10 black prunes

1 tablespoon Persian lime powder

50gr dried apricot roll

1 tablespoon sugar

½ cup chopped parsley

½ cup chopped fresh mint

Oil as needed

Salt, pepper and paprika to taste

Method:

Peel quinces, remove seeds, dice and fry in a little oil.
Fry onions, add diced meat and season with salt,
pepper and paprika.

Add 4 cups of water and cook for 1 hour.

Add quinces and prunes to the pot with the meat and
add lime powder.

Add tomato paste and sugar, cover the pot and
continue cooking for ½ an hour.

Lightly fry the mint and parsley and add half of the
quantity to the pot and save half to garnish when
serving.

If desired, a pinch of saffron can be added at the end.

خورش به

گوشت ماهیچه	دو پاوند
پیاز خرد شده	دو عدد
به	دو عدد
رب گوجه فرنگی	دو قاشق
گرد پاپریکا	دو قاشق
آلو سیاه	ده عدد
گرد لیمو عمانی	یک قاشق
لواشک	پنجاه گرم
شکر	یک قاشق
جعفری	نیم لیوان
نعنا	نیم لیوان
روغن، نمک، فلفل و پاپریکا به قدر کافی	

طرز تهیه:

به ها را پوست می کنیم، هسته های آنرا بیرون می
آوریم، و به قطعه های متوسط می بریم و در روغن سرخ
می کنیم. گوشت را به صورت تکه های متوسط می بریم،
پیاز را با روغن سرخ می کنیم، و گوشت را به آن اضافه
می کنیم، با هم تفت می دهیم. کمی نمک، فلفل و پاپریکا
می زنیم و یک لیتر آب اضافه می کنیم. مدت یک ساعت
با آتش ملایم می پزیم. نعنا و جعفری را جداگانه در تابه
ای با هم سرخ می کنیم. نصف آن را با بقیه مواد لازم در
دیگ می ریزیم، بهم می زنیم، و نیم ساعت دیگر به پختن
ادامه می دهیم. نصف دیگر نعنا و جعفری را موقع سرو
کردن غذا به روی خورش می پاشیم.
اگر مایل باشید می توانید دقیقه آخر کمی زعفران به آن
اضافه کنید.

90

split pea (lappe) broth Eggplant

2 pound deboned lamb or beef
½ cup yellow split peas
1 tablespoon Persian lime powder
3 chopped onions
1 tablespoon tomato paste
1 tablespoon pomegranate sauce
2 medium eggplants
1 tablespoon paprika
Salt and pepper to taste
Oil as needed

Method:

Place the split peas in a bowl with 1 ½ cups of hot water and soak for 2 hours. Drain.
Fry 1/3 of the chopped onions and add the split peas.
Add salt, pepper and paprika.
In another pot fry the rest of the onions, add the meat and fry.
Add 4 cups of water, lime powder.
Bring to the boil and reduce the flame.
While the meat is cooking, peel, cut into quarters and salt.
After 30 minutes, rinse and dry with a cloth.
Fry in oil.
When the meat is cooked add the split peas and tomato paste and pomegranate sauce and cook for 10 minutes.
Taste and add seasoning and water if necessary.
Arrange fried eggplants on top of the mixture.
Cook for another 10 minutes.
When serving, first remove the eggplants.
Place the broth in a serving dish and arrange the eggplants around the dish.
This broth is served with white rice.

خورش قیمه و بادمجان

دو پاوند گوشت ماهیچه بره (گاو) بدون استخوان
دو لیوان لپه زرد
یک قاشق گرد لیمو عمانی
یک قاشق رب گوجه فرنگی
یک قاشق رب انار
دو عدد پیاز خرد شده
یک قاشق گرد پاپریکا
شش عدد بادمجان کوچک
نمک، فلفل و روغن به قدر کافی

طرز تهیه:

لپه را در آب جوش خیس می کنیم، و بعد از دو ساعت می توانیم بپزیم. به این طریق که یک پیاز را سرخ می کنیم، لپه را به پیاز سرخ شده اضافه می کنیم، و نمک و فلفل و پاپریکا می زنیم و دو لیوان آب اضافه میکنیم میپزیم و کنار می گذاریم.
در دیگ یک پیاز دیگر را سرخ می کنیم، گوشت را به آن اضافه می کنیم و با هم سرخ می کنیم. مقدار چهار لیوان آب روی گوشت می ریزیم، گرد لیمو عمانی را اضافه می کنیم، آنرا جوش می آوریم، و با آتش ملایم مدت یک ساعت آنرا می پزیم.
در حال پختن گوشت، بادمجان ها را پوست می کنیم، نمک می زنیم و بعد از نیم ساعت می شوئیم و خشک می کنیم، و در روغن داغ سرخ می کنیم.
پس از آن که گوشت پخته شد، لپه پخته شده را بدون آب در دیگ می ریزیم، رب گوجه فرنگی و رب انار اضافه می کنیم، بادمجان ها را به آرامی در دیگ می گذاریم و برای ده دقیقه می جوشانیم و می چشیم، اگر چاشنی ویا آب آن کم است اضافه می کنیم و اگر آب خورش کم است می توانیم آب لپه را به آن اضافه کنیم.
موقع سرو غذا اول بادمجان ها را از دیگ خارج می کنیم، غذا را می کشیم، و بادمجان ها را در کنار ظرف می چینیم.
این خورش را با برنج سفید سرو می کنیم.

Celery broth

5 celery stalks
2 pound beef cubed
2 chopped onions
1 teaspoon grated garlic
1 tablespoon tomato paste
1 cup fresh chopped mint leaves
1 cup chopped parsley
½ cup unripe grape juice (ob-gure)
oil as needed
Salt, pepper and turmeric to taste

Method:

Rinse and chop celery stalks and leaves (if desired) finely.
Fry onions and garlic, add the beef and continue frying for a few minutes.
Add 3 cups water, salt, pepper and turmeric and bring to the boil.
Lower the flame and cook for an hour.
Fry the celery in a little oil and add to the broth.
After 15 minutes add the unripe grape juice and tomato paste.
Fry the mint and celery in two tablespoons of oil and add half of the quantity to the pot.
The other half is to garnish when serving.
If necessary, add water while cooking.

خورش کـرفـس

سه شاخه	کرفس
دو پاوند	گوشت (گاو) قطعه شده
یک عدد	پیاز خرد شده
یک قاشق	رب گوجه فرنگی
یک لیوان	نعنای خرد شده
یک لیوان	جعفری خرد شده
یک قاشق	سیر رنده شده
نیم استکان	آبغوره
نمک، فلفل، زردچوبه به مقدار کافی	

طرز تهیه:

شاخه های کرفس را می شوئیم، و به صورت قطعه های کوچک خرد می کنیم، می توانیم مقداری از برگ های جوان را همچنین خرد کرده و به ساقه ها اضافه کنیم. سیر و پیاز را در روغن سرخ می کنیم، و تکه های گوشت را به آن اضافه می کنیم تا با هم سرخ شود. چهار لیوان آب به آن اضافه می کنیم. نمک، فلفل و زردچوبه می زنیم و آنرا جوش می آوریم و روی آتش ملایم مدت یک ساعت آن را می پزیم. سپس قطعه های کرفس را با برگ ها در کمی روغن سرخ می کنیم و داخل دیگ می ریزیم. بعد از پانزده دقیقه آبغوره و رب گوجه فرنگی را اضافه می کنیم، نعنا و جعفری را با دو قاشق روغن سرخ می کنیم، نصف آنرا در دیگ ریخته و نصف دیگر را موقع سرو غذا روی خورش می پاشیم.
در موقع پختن اگر خورش کسری آب دارد به آن اضافه می کنیم.

Fesenjun (pecan nut) broth

popular at special occasions

1 pound ground pecan nuts
2 pound chicken or turkey breast
200gr pitted and chopped dates
1 cup pomegranate juice
½ teaspoon saffron
½ tablespoon tomato paste
2 ½ cups water
1/3 cup oil

Method:

Chop chicken or turkey breast into small cubes and fry in oil.
Boil the water and add the chicken and pecan nuts.
Lower the flame and stir from time to time. Do not cover the pot.
After ½ an hour, add the dates and pomegranate juice and continue to cook until oil floats on the top.
Add the tomato paste and saffron and cook until the water evaporates and the mixture thickens.

خورش فسـنجـون

(این خورش را معمولا ضیافت ها می پزیم، و یک از لذیذ ترین خورش ها محسوب می شود،

یک پاوند	گردوی چرخ شده
دو پاوند	سینه مرغ، یا ران بوقلمون (گوشت اردک)
نیم پاوند	خرمای چرخ شده
یک لیوان	آب انار
نیم قاشق	رب انار
نیـم قاشق مرباخوری	زعفران
نیم قاشق	رب گوجه فرنگی
سه لیوان	آب
ثلث لیوان	روغن

طرز تهیه:

گوشت را به قطعه های ریز خرد می کنیم و در روغن سرخ می کنیم. آب را جوش می آوریم، گوشت و گردو را به آن اضافه می کنیم، آتش را ملایم می کنیم و سرپوش نمی گذاریم. هر چند دقیقه مرتب بهم می زنیم که ته نگیرد. بعد از نیم ساعت خرما و آب انار را اضافه می کنیم و با آتش ملایم به پختن ادامه می دهیم، تا خوب روغن بیاندازد. رب گوجه فرنگی و زعفران را به آن اضافه می کنیم، می جوشانیم تا موقعی که کم آب شود. برای پختن فسنجون با گوشت اردک ویا بوقلمون بینج لیوان آب احتیاج داریم . برای پختن گوشت هم بیشتر وقت لازم داریم .

Ladies fingers (Okra) broth

2 pound beef shank
2 tomatoes
3-4 cloves garlic
3 chopped onions
700gr fresh ladies fingers
½ cup lemon juice
1/3 cup oil
Salt, pepper and turmeric to taste

Method:

Remove the stalks from the ladies fingers, rinse and place in a sieve.
Fry 2/3's of the onions in ½ of the oil and add the meat.
Continue frying the meat with the onions and add salt, pepper, turmeric and 4 cups of water.
Place in a pressure cooker and cook for ¾ of an hour.
While the meat is cooking, place the tomatoes in boiling water for a few minutes, remove, peel and chop them.
In the remainder of the oil fry the 1/3 chopped left over onion a little and add the ladies fingers.
Add tomatoes and continue frying a little longer.
Season lightly with salt and pepper (Remember that the meat is already seasoned).
Cook with 2 cups of water on a low flame.
When the meat is cooked add the ladies fingers in tomato sauce to the pressure cooker.
Add lemon juice, stir and taste.
If necessary, add seasoning at this stage. If there is too much water don't cover the pot and increase the flame to evaporate some of the water.

خورش بامیه

دو پاوند گوشت ماهیچه نازک
دو عدد گوجه فرنگی
سه-چهار حبه سیر
سه عدد پیاز خرد شده
یک و
نیم پاوند بامیه تازه
نیم لیوان آبلیمو
ثلث لیوان روغن
نمک، فلفل و زردچوبه به مقدار کافی

طرز تهیه:

دُم بامیه ها را می گیریم، می شوئیم و در آبکش می ریزیم.
دو سوم پیاز خرد شده را با نصف مقدار روغن سرخ می کنیم. پس از اینکه پیاز طلائی رنگ شد، گوشت را به آن اضافه می کنیم و با هم سرخ می کنیم. نمک، فلفل و زردچوبه می ریزیم و با چهار لیوان آب در دیگ زودپز مدت ٤٥ دقیقه آن را می پزیم.
گوجه فرنگی ها را در آبجوش می اندازیم، پوست می کنیم و خرد می کنیم. مابقی پیاز خرد شده را با روغن مانده تفت می دهیم. بامیه ها را به آن اضافه می کنیم، تا با هم سرخ شود، سپس گوجه فرنگی را به روی بامیه می ریزیم و به سرخ کردن ادامه می دهیم، و کمی نمک و فلفل می زنیم، (البته واضح است که گوشت هم ادویه لازم دارد) بامیه ها را با دو لیوان آب با آتش ملایم می پزیم و بعد از ٤٥ دقیقه که گوشت پخته شد، بامیه را داخل دیگ می ریزیم، آبلیمو را اضافه می کنیم و می چشیم اگر کسری طعام داشته باشد اضافه می کنیم، و اگر آب خورش کمی زیاد است سرپوش سر دیگ نمی گذاریم، و آتش را تندتر می کنیم.

Cauliflower broth

2 chicken breasts
1 cauliflower
2 tablespoons tomato paste
3 tablespoons lemon juice
4 chopped cloves garlic
1 teaspoon sugar
Salt, pepper and paprika to taste
Oil as needed

Method:

Cut the chicken breast into medium sized pieces, fry in a little oil with the chopped garlic and set aside.
Cut out the stem of the cauliflower, separate the flowers and fry them in a little oil.
Place the fried chicken breast with the cauliflower into a pot.
Mix tomato paste in ½ a cup of water, add sugar, lemon, salt, pepper and paprika.
Pour the mixture over the chicken and cauliflower in the pot.
Stir the pot gently, being careful not to cause the chicken and cauliflower to break.
Cover and Cook for 20 minutes on a low flame and carefully remove when serving.

خورش گل کلم

یک عدد سینه مرغ
یک عدد گل کلم
دو قاشق رب گوجه فرنگی
سه قاشق آبلیمو
چهار حبه سیر خرد شده
یک قاشق مرباخوری شکر
نمک، فلفل، پاپریکا و روغن به مقدار کافی

طرز تهیه:

سینه مرغ را به صورت تکه های متوسط خرد می کنیم، و با سیر سرخ می کنیم، در بشقابی میگذاریم. گل کلم را غنچه غنچه می کنیم و در روغن سرخ می کنیم، سینه مرغ و گل کلم را در دیگ می ریزیم. رب گوجه فرنگی را با نصف لیوان آب، شکر، آبلیمو، نمک، فلفل وپاپریکا مخلوط می کنیم، به روی سینه مرغ و گل کلم می ریزیم و با قاشق چوبی زیرورو می کنیم که له نشود، ده دقیقه با آتش ملایم می پزیم. هنگام سرو کردن با احتیاط دردیس می گذاریم.

Fresh Herb Broth

1.1/2 pond diced lamb shank
2 chopped onions
3 cloves garlic
½ cup small red beans soaked overnight
¼ cup lemon juice
4 whole dried Persian limes
1cup chopped parsley
½ cup chopper fresh mint
½ cup chopped shnblilh (fenugreek)
½ cup chopped coriander leaves
½ cup chopped spring onions
Salt and pepper to taste

Method:

Fry onion in a little oil, add diced lamb shanks and fry for 10 minutes.
Add garlic and fry well.
Add 4 cups of water and add beans and all the Persian limes.
Cover and bring to the boil.
Lower the flame and cook for one hour.
Fry the chopped herbs in 3 tablespoons of oil and add to the broth.
Add salt, pepper and lemon and cook for another 30-45 minutes until oil emerges on the surface.
Water can be added if necessary during cooking.

خورش قرمه سبزی

دو پاند گوشت ماهیچه
باریک گاو قطعه شده
دو عدد پیاز خرد شده
یک استکان لوبیای قرمز کوچک خیس شده
ربع استکان آبلیموی ترش تازه
چهار عدد لیمو عمانی
یک لیوان جعفری خرد شده
یک لیوان نعنا خرد شده
یک لیوان شنبلیله خرد شده
یک لیوان گشنیزخرد شده
یک لیوان پیازچه خرد شده
سه حبه سیر خرد شده
نمک، فلفل، روغن به مقدار کافی

طرز تهیه:

لوبیا را چهار تا پنج ساعت با آب جوش خیس می کنیم، پیاز را با مقداری روغن در دیگ سرخ می کنیم، و گوشت را داخل پیاز کرده با هم تفت می دهیم، سیر را ریز کرده و به گوشت اضافه می کنیم، بعد از سرخ شدن با چهار لیوان آب در دیگ می ریزیم، لوبیا و لیمو عمانی به آن اضافه می کنیم، سرپوش می گذاریم، وقتی جوش آمد آتش را ملایم می کنیم، مدت یک ساعت با آتش ملایم می پزیم. در موقع پختن گوشت، سبزی های ریز شده را با سه قاشق روغن تفت می دهیم و داخل دیگر می ریزیم. نمک، فلفل و آبلیمو می ریزیم و نیم ساعت تا سه ربع ساعت می گذاریم آهسته بجوشد و به روغن بیافتد. اگر هنگام پختن، خورش کسری آب دارد، می توانیم اضافه کنیم.

rice

برنج ها

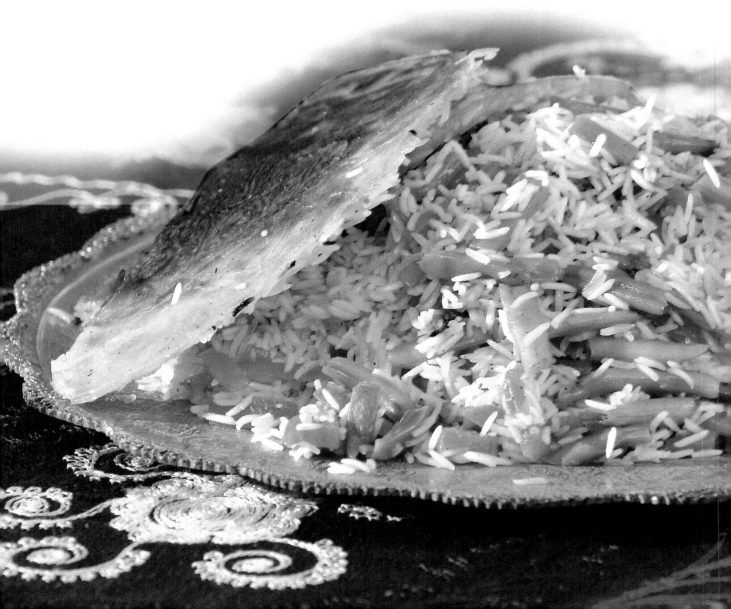

زرشک پلو

یک پاوند	سینه مرغ
نیم لیوان	روغن زیتون
نیم لیوان	زرشک
ثلث لیوان	خلال بادام
نیم لیوان	پسته پوست کنده
ثلث لیوان	گلاب
سه لیوان	برنج
یک عدد	سیب زمینی
هفت لیوان	آب
یک قاشق	
مرباخوری	زعفران سائیده شده

طرز تهیه:

سینه مرغ را به صورت تکه های ریز خرد می کنیم، و با دو قاشق روغن سرخ می کنیم، و از تابه بیرون می آوریم، با چهار قاشق روغن، زرشک و خلال بادام و پسته را با هم کمی سرخ میکنیم. آب را جوش می آوریم، یک قاشق نمک می ریزیم، برنج را در دیگ می ریزیم، بهم می زنیم که بهم نچسبد و برای هفت- تا ده دقیقه می جوشانیم. آبکش می کنیم، با آب معمولی می شوئیم. سیب زمینی را پوست می کنیم و حلقه حلقه می بریم. دیگ را می شوئیم، روی آتش خشک می کنیم، مابقی روغن را ته دیگ می ریزیم، کمی زعفران می زنیم و حلقه های سیب زمینی را اطراف دیگ می چینیم، کمی برنج سفید به روی سیب زمینی می ریزیم، مابقی برنج را با مابقی مواد مخلوط می کنیم، و به دیگ بر می گردانیم، سرپوش می گذاریم، هنگام خارج شدن بخار از دیگ، از اطراف دیگ با کفگیر برنج را به طرف بالا می بریم، سرپوش را در حوله ای می پیچیم، سر دیگ می گذاریم، حرارت آتش را کم می کنیم و مدت ٤٥ دقیقه روی آتش ملایم به پختن ادامه می دهیم.

قبل از خارج کردن غذا از دیگ، کمی زعفران را در لیوان با گلاب می ریزیم در میکرو ویوو مدت ٢٠ ثانیه گرم می کنیم و یا (هنگام دم کردن برنج) از داخل کنار دیگ میگذاریم. در بشقابی کمی از برنج با گلاب و زعفران مخلوط می کنیم. قبل از خارج کردن برنج از دیگ، با کفگیر برنج را کنار می زنیم، که از هم جدا شود، آن وقت برنج را در دیس می ریزیم، از برنج زعفران دار به روی آن می ریزیم و تکه های ته دیگ را اطراف دیس می چینیم.

Zereshk Polo

Dried cranberries and rice

1 pound chicken breast
½ cup olive oil
½ cup dried cranberries
½ cup slivered, peeled almonds
½ cup peeled pistachio nuts
1/3 cup rosewater
1 medium sized potato
7 cups water
1 tablespoon salt
1 spoon saffron

Method:

Dice chicken breast and fry in 2 tablespoons of olive oil. Remove from pan.

Lightly fry the cranberries, almonds and pistachio nuts together in 4 tablespoons of olive oil.

Boil all the water, add the salt and rice, stir and cook for 7-10 minutes.

Strain the rice and rinse with water.

Peel the potato and slice into rounds.

Rinse the pot and return to the stove. When the water has evaporated add the remainder of the oil and a little of the saffron to the pot.

Cover the base of the pot with the potato rounds and add some of the rice onto the potatoes.

Stir the rest of the rice with the chicken and cranberry mixture.

Add it to the pot, cover and boil on a medium flame for 15 minutes.

When steam is emitted from the pot fold the top layer of rice with chicken from the sides inward (without moving the potato rounds).

Wrap the lid of the pot with a towel and place it on the pot.

Cook on a low flame for 45 minutes.

Before serving the rice, place the remainder of the saffron in a glass with the rosewater and microwave for 20 seconds on medium temperature. In a bowl place 4-5 spoons of the rice and mix with the rosewater-saffron mixture.

To serve place the rice with the chicken on a flat serving dish. Over this, place the rice with the rosewater-saffron mixture and the potato slices around the rice.

باقالی پلو

دو پاوند	گوشت ماهیچه (گاو یا بره)
نیم پاوند	باقالی تازه (دو پوسته)
سه لیوان	برنج
هفت لیوان	آب
یک و نیم لیــوان	شوید خرد شده
ثلث لیوان	گلاب
سه عدد	پیاز
نیم لیوان	روغن زیتون
یک عدد	سیب زمینی حلقه بریده شده

زردچوبه، نمک، فلفل و کمی زعفران

طرز تهیه:

گوشت را قطعه قطعه میکنم، در دیگ چهار لیوان آب جوش می آوریم، گوشت را در دیگ می اندازیم، دو عدد پیاز را از وسط قاچ می کنیم، در دیگ می اندازیم، نمک و کمی فلفل و زردچوبه اضافه می کنیم، سرپوش می گذاریم، و بعد از جوش آمدن، با آتش ملایم مدت یک ساعت می پزیم. در دیگ تفلون هفت لیوان آب را جوش می آوریم، یک قاشق نمک اضافه می کنیم برنج شسته را در دیگ می ریزیم و بهم می زنیم تا بهم نچسبد، تا هنگامی که نیمه پخته شود (هفت تا ده دقیقه) آبکش می کنیم و با آب معمولی می شوئیم و آبکش را تکان می دهیم تا آب برنج خارج شود. پیاز را حلقه حلقه می بریم و دیگ را می شوئیم ، به روی آتش می گذاریم، نصف مقدار روغن را ته دیگ می ریزیم، کمی زردچوبه می ریزیم، حلقه های سیب زمینی و پیاز می چینیم، دو کفگیر از برنج را روی سیب زمینی و پیاز برمی گردانیم، مابقی را با شوید و باقالی مخلوط می کنیم و به دیگ بر می گردانیم.
گوشت را از آبگوشت خارج می کنیم، و بدون قطره ای آبگوشت لای برنج می گذاریم، سرپوش میگذاریم، و روی آتش متوسط ده دقیقه می پزیم، هنگامی که بخار از دیگ خارج شد، سرپوش دیگ را در حوله ای می پیچیم به سر دیگ بر می گردانیم، آتش را کمتر می کنیم، و مدت ۴۰ دقیقه می پزیم. اگر برنج بعد از این مدت هنوز خام است می توانیم از آبگوش اطراف برنج کمی بریزیم و ده دقیقه دیگر به پختن ادامه می دهیم.
قبل از سرو کردن غذا، گلاب و زعفران را در لیوانی می ریزیم، کمی گرم می کنیم و با سه یا چهار قاشق برنج پخته شده مخلوط می کنیم و بعد از کشیدن غذا، به روی دیس برنج می ریزیم. مابقی سوپ را می توانیم در کاسه ای بریزیم و جداگانه سرمیز ببریم.

Rice with broad beans

2 pound beef or lamb shank
1/2 pound Egyptian broad beans after peeling them twice
3 cups rice
7 cups water
1½ cups chopped dill
1/3 cup rosewater
3 peeled onions
1/2 cup olive oil
1 potato sliced into rounds
Salt, pepper, turmeric and saffon to taste

Method :

Chop the meat into cubes and boil 4 cups of water.
Add the meat to the boiling water and 2 of the onions chopped into halves.
Add Salt, pepper, turmeric and cover.
After bringing to the boil, reduce to a small flame and cook for an hour.
In a Teflon pot bring 7 cups of water to the boil, add 1 tablespoon of salt and the rice.
Stir from time to time so that the rice won't stick and cook for 7-10 minutes.
Place the rice in a sieve and rinse.
Shake the sieve to remove all the excess water from the rice.
Slice the last onion into rings, rinse the pot and replace it on the stove.
Place half of the oil and saffron in the pot.
Arrange the potato slices and onion rings at the bottom of the pot.
Place 2-3 tablespoons of rice on top of the potatoes.
Mix the remainder of the rice with the chopped dill and broad beans and return it to the pot.
Remove the pieces of meat from the pot of soup without any liquid, place it in the center of the rice and cover it with more rice.
Cover the pot and cook on a medium flame for 10 minutes.
When the pot starts to steam, wrap the lid in a kitchen towel, replace it on the pot and continue cooking for 40 minutes on a low flame.
In case the rice is not yet well cooked, pour a little of the soup and continue cooking for a further 10 minutes.
Before serving the dish, dissolve saffron in a little warm rosewater, mix it with a little of the cooked rice and place this over the rice on the serving dish.
When serving the dish, serve it with the soup.

پلو خلال بادام

نیم لیوان	خلال پرتقال
نیم لیوان	شکر
سه لیوان	برنج
دولیوان	خلال هویج
یک لیوان	خلال بادام
نیم لیوان	پسته پوست کنده
شش قطعه	ران مرغ
هفت لیوان	آب برای برنج
یک عدد	پیاز
یک عدد	نان لواش
دو حبه	هل

کمی زعفران، نمک، فلفل، دارچین،
روغن برای سرخ کردن

طرز تهیه:

خلال پرتقال را دو تا سه بار در آب می جوشانیم و در آب سرد می ریزیم و چند بار آب آن را عوض می کنیم. یک لیوان آب و شکر را قوام می آوریم، خلال پرتقال و هل را با آب شکر برای مدت پنج دقیقه می جوشانیم و از روی آتش بر می داریم، صاف می کنیم، شربت را کنار می گذاریم.
سه لیوان آب می جوشانیم، ران ها و پیاز را با کمی نمک و فلفل آبگوشت می کنیم (مدت پختن آبگوشت ۴۵ دقیقه است).
استخوان ران ها را در می آوریم و آبگوشت را برای سرو کردن سر میز کنار می گذاریم. هفت لیوان آب را جوش می آوریم، کمی نمک و برنج را می ریزیم و بهم می زنیم که به هم نچسبد، و مدت هفت تا ده دقیقه می جوشانیم، آبکش می کنیم، می شوئیم.
در تابه هویج را با ثلث لیوان روغن سرخ می کنیم و اول بادام سپس پسته را به روی هویج می ریزیم و برای یک ثانیه ادامه به سرخ کردن می دهیم و از روی آتش بر می داریم. زعفران و دارچین و کمی فلفل می ریزیم .
اطراف نان لواش را به اندازه ته دیگ می بریم و دیگ شسته را به روی آتش می گذاریم، ثلث لیوان روغن و کمی زعفران در دیگ می ریزیم، نان لواش را ته دیگ می گذاریم، تکه های ران مرغ را به روی نان می چینیم برنج سفید را با قسمت بیشتری از مواد مخلوطی تابه و خلال پرتقال مخلوط می کنیم، به دیگ بر می گردانیم، سرپوش می گذاریم، با آتش متوسط ده دقیقه دم می کنیم سپس آتش را ملایم می کنیم، از شربت خلال پرتقال هر مقداری که مانده تا نصف لیوان از آن را اطراف برنج می دهیم، سرپوش را در حوله ای می پوشانیم، به سر دیگ میگذاریم و برای مدت ۴۵ دقیقه به روی آتش ملایم نگه می داریم. یکی دو مرتبه اطراف برنج های دور دیگ را به طرف بالا می کشیم تا برنج بهتر دم بکشد.
هنگام سرودیس برنج را با تکه های مرغ و نان تزیین میکنیم .
بعد از خارج کردن پلو از دیگ مابقی خلال بادام وپسته را بروی پلو میریزیم وسرو میکنیم .

Rice with slivered almonds

½ cup slivered orange rind
½ cup sugar
3 cups rice
1 slivered carrots
½ cup slivered almonds
½ cup unsalted shelled pistachios
6 chicken legs cut into pieces
7 cups water for the rice
1 onion
1 laffa
2 cardamom seeds
A little saffron, salt, pepper, turmeric and cinnamon
Olive oil as needed

Method:

Boil the slivered orange peel 2-3 times, changing the water each time, and then chill them in cold water.

Change the cold water a few times.

Boil 1 cup of water with the sugar and place the oranges and add the cardamom seeds. Cook for 5 minutes and remove from the stove.

Pour the syrup with the orange peels into a sieve and save the syrup separately in a bowl.

Bring 3 cups of water to the boil and place the chicken pieces and onion in the pot.

Season with salt, pepper and turmeric.

Cook for 45 minutes.

Remove the bones from the meat and throw them out.

Serve the soup in bowls when the rice is ready.

Bring the 7 cups of water to the boil and add the rice and a little salt and stir well so that it won't stick.

Cook on a medium flame for 7-10 minutes, sieve and rinse.

In a pan, fry the carrots in 1/3 cup of olive oil and add the almonds and after that the pistachios.

Remove from the stove after a few seconds and add the sugared orange peels, saffron, cinnamon and a little pepper.

Cut the edges of the laffa.

Place the rinsed pot on the stove and add 1/3 cup of oil with a little saffron.

Place the laffa at the bottom of the pot and the pieces of chicken on top of it.

Mix the white rice with most of the contents of the pan (carrots, almonds, pistachios, etc.) and place it on top of the chicken pieces in the pot.

Cover and cook for 10 minutes.

Lower the flame and pour ½ a cup of syrup from the orange peels over the rice.

Wrap the lid in a kitchen towel and cook for a further 45 minutes.

Fold over the rice from time to time so that it cooks evenly.

To serve, place the rice on a serving plate with the chicken pieces around it and the pistachio, carrot and almond mixture over the top to garnish.

پلو نخود فرنگی

دو پاوند	گوشت راسته گاو یا گوسفند قطعه شده
سه لیوان	برنج
یک پاوند	نخود فرنگی
یک عدد	پیاز برای آبگوشت
دو لیوان	شوید خرد شده
سه قاشق	شوید خشک شده
هفت لیوان	آب برای آبگوشت
هفت لیوان	آب برای برنج
یک عدد	سیب زمینی حلقه شده
یک عدد	پیاز حلقه بریده شده
نیم لیوان	روغن
ثلث لیوان	گلاب
	نمک، فلفل، زردچوبه، زعفران سائیده شده

طرز تهیه:

هفت لیوان آب را جوش می آوریم، گوشت و پیاز ، نمک، فلفل و زردچوبه اضافه می کنیم و با حرارت متوسط یک ساعت تا یک ساعت و ربع گوشت را می پزیم.

در دیگ تفلون هفت لیوان آب را جوش می آوریم، برنج و یک قاشق نمک می ریزیم، و با قاشق چوبی بهم می زنیم که بهم نچسبد، و مدت هفت تا ده دقیقه می جوشانیم، آبکش می کنیم، می شوئیم. دیگ شسته را به روی آتش می گذاریم، بعد از خشک شدن نیمی از مقدار روغن را می ریزیم، کمی زعفران می زنیم، حلقه های سیب زمینی و پیاز را می چینیم، دو تا سه کفگیر برنج سفید در دیگ می ریزیم ، مابقی را با نخود فرنگی و شوید خشک و تازه مخلوط می کنیم، نصف آنرا در دیگ می ریزیم و تکه های گوشت را بدون آبگوشت روی برنج می گذاریم و روی آنها را با مابقی برنج مخلوط شده می پوشانیم. سرپوش می گذاریم، و با حرارت متوسط دم می کنیم، پس از ده دقیقه آتش را ملایم می کنیم، مابقی روغن را به روی برنج می دهیم، سرپوش را در حوله ای می پوشانیم، به سر دیگ می گذاریم و برای ٤٥ دقیقه به پختن ادامه می دهیم. گلاب و زعفران در لیوانی می ریزیم و در میکرو یوو مدت ٢٠ ثانیه گرم می کنیم و با یک کفگیر از پلو در بشقابی مخلوط می کنیم، و بعد از اینکه برنج را در دیس می ریزیم، زعفران برنج را به روی پلو گوشت ها در اطراف دیس می گذاریم، آبگوشت را جداگانه سر میز می بریم.

Rice and green peas

2 pounds beef or mutton shank cut into pieces
3 cups rice
1 pound fresh green peas
1 whole onion
2 cups chopped dill
3 tablespoons dried dill
7 cups water (for the soup)
7 cups water (for the rice)
1 potato cut into rounds
1 onion cut into rings
½ cup olive oil
1/3 cup rosewater
Salt, pepper, turmeric, and ground saffron

Method:

Bring 7 cups of water to the boil and add the meat, whole onion.

Season with salt, pepper and turmeric.

Cook on a low flame between 1 hour – 1¼ hours.

In a Teflon pot bring 7 cups of water to the boil, add the rice and a tablespoon of salt and stir so that the rice won't stick.

Boil for 7-10 minutes, sieve and rinse.

Return the rinsed pot to the stove and when it's dry add ½ of the oil and a little saffron.

Arrange the potatoes and the onion rings at the bottom of the pot and add 2-3 tablespoons of plain white rice.

Mix the remainder of the rice with both the fresh and the dried dill.

Place half of the seasoned rice into the pot with the potatoes.

Remove the pieces of meat from the pot of soup and place them on top of the rice in the pot.

Cover the meat with the remainder of the rice.

Cover the pot and cook on a medium flame for 10 minutes.

Sprinkle the remainder of the oil over the rice and wrap the lid with a kitchen towel.

Cover and cook for a further 45 minutes.

Place a little saffron and the rosewater in a cup and heat in the microwave.

In a bowl, mix some of the rice with the rosewater and saffron mixture.

After placing the contents of the pot in a serving bowl, distribute the rice with saffron and rosewater over the dish.

Arrange the pieces of meat around the rice and serve the soup separately in bowls.

آلبالو پلو

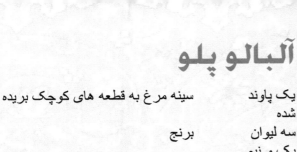

یک پاوند سینه مرغ به قطعه های کوچک بریده شده
سه لیوان برنج
یک و نیم لیوان مربای آلبالو
نیم لیوان روغن
یک عدد سیب زمینی حلقه بریده شده
شش لیوان آب
ربع لیوان خلال بادام
زعفران، کمی نمک و فلفل

طرز تهیه:

پسته و بادام را با یک قاشق روغن به مدت یک دقیقه سرخ می کنیم و کنار می گذاریم. مربا آلبالو را در آبکش می ریزیم و زیر آبکش کاسه ای میگذاریم تا همه شربت مربا در کاسه بچکد. تکه های سینه را در نیم از مقدار روغن داغ شده که کمی زعفران داشته باشد تفت می دهیم و کنار می گذاریم.

آب را جوش می آوریم. کمی نمک اضافه می کنیم، بهم می زنیم که بهم نچسد، ده دقیقه می جوشانیم، آبکش می کنیم و دیگ را می شوئیم.

دیگ شسته را روی آتش میگذاریم، مابقی روغن را با کمی زعفران در دیگ گرم می کنیم، سیب زمینی ها را می چنینم، دو- سه کفگیر برنج سفید به روی سیب زمینی ها می ریزیم، مابقی برنج را با مربای آلبالو و نصف بیشتر از پسته و بادام سرخ شده مخلوط می کنیم، به دیگ برمی گردانیم. تکه های سینه را در داخل برنج می گذاریم و به رویش برنج مخلوطی را می ریزیم. سرپوش می گذاریم و با حرات متوسط ده دقیقه می پزیم. سپس آتش را ملایم می کنیم و مدت ٤٥ دقیقه به پختن ادامه می دهیم. هنگام کشیدن غذا، نصف لیوان از شربت آلبالو را که در کاسه نگه داشته ایم به روی برنج می پاشیم، با کفگیر برنج و تکه های سینه را ور می زنیم، و به روی پلو از پسته و بادام باقی مانده زینت می دهیم.

Sour cherry rice (Albaloo)

1 pound cubed chicken breast

3 cups rice

1½ cups sour cherry jam (from whole cherries)

½ cup olive oil

1 potato cut into rounds

6 cups water

1/3 cup unsalted shelled pistachios

1/3 cup slivered almonds

Salt, pepper and saffron to taste

Method:

Lightly fry the pistachios and almonds in a tablespoon of oil and set aside.

Place the cherries in a sieve to drain the syrup into a bowl and save it for later.

Fry the chicken breast cubes in ½ of the olive oil and a little saffron and set aside.

Bring the water to the boil, add the rice with a little salt and stir so that it won't stick.

Cook on a medium flame for 10 minutes, place in a sieve and rinse.

Return the rinsed pot to the stove, add the remainder of the oil with a little saffron and heat.

Arrange the potatoes at the bottom of the pot.

Place 2-3 tablespoons of rice on top of the potatoes.

Mix the remainder of the rice with the cherries and place in the pot.

Bury the fried chicken cubes in the center of the cherry rice and cover so that they cannot be seen.

Cover the pot and cook for 10 minutes on a medium flame.

Lower the flame; wrap the lid with a kitchen towel and cook for a further 45 minutes.

Before serving, pour ½ a cup of the syrup drained from the cherries over the top of the rice.

With a large serving spoon fold the rice over in order to mix it well, but not so that it becomes porridgey .

Place in a serving bowl and garnish with the fried pistachios and almonds.

with dried fruit

3 cups rice
5 dried chopped apricots
7 chopped dates
4 chopped prunes
1/3 cup dried cherries
1 potato cut into rounds
2 pound cubed chicken breast
salt, pepper, saffron and cinnamon to taste
Oil as needed

Method:

Fry the chicken breast in 1/3 cup oil and add the dried fruit.
After 2 seconds, remove from the flame and add saffron, cinnamon and a tiny pinch of pepper. Set aside.
Bring 7 cups of water to the boil in a pot.
Add salt and rice and stir so that the rice won't stick together.
Cook for 7-10 minutes, place in a sieve and rinse.
Rinse the pot and dry on the stove.
Place 4-5 tablespoons of oil in the pot with a little saffron and arrange the potatoes at the bottom.
Place 2-3 large spoons of the rice on top of the potatoes.
Mix the remainder of the rice with the fried chicken breast and dried fruit mixture and place it in the pot on top of the rice.
Cover and cook for 10 minutes on a medium flame.
Lower the flame, cover the lid with a kitchen towel and replace it.
Cook for a further 45 minutes.

پلو میوه های خشک

سه لیوان برنج
پنج عدد زردآلوی خشک خرد شده
هفت عدد خرما خرد شده
چهار عدد آلو سیاه خرد شده
ثلث لیوان آلبالو خشکه
یک عدد سیب زمینی حلقه شده
دو پاوند سینه مرغ ریز خرد شده
نیم لیوان خلال پوست پرتقال برای زینت روی پلو موقع سرو کردن
نمک، کمی فلفل، دارچین، زعفران، روغن به مقدار کافی

طرز تهیه:

سینه مرغ را با ثلث لیوان روغن تفت می دهیم. میوه های خشک را اضافه می کنیم، دو ثانیه ادامه به سرخ کردن می دهیم، و از روی آتش برمی داریم. زعفران، دارچین و مقدار کمی فلفل می زنیم.
دیگ را با هفت لیوان آب به جوش می آوریم، برنج و نمک می ریزیم، با قاشق چوبی بهم می زنیم تا برنج نچسبد، و مدت هفت تا ده دقیقه برنج را می جوشانیم، آبکش می کنیم، با آب معمولی می شوئیم.
دیگ شسته را روی آتش خشک می کنیم، چهار تا پنج قاشق روغن می ریزیم، کمی زعفران به روغن می زنیم، و حلقه های سیب زمینی را در دیگ می چینیم، دو تا سه کفگیر از برنج سفید به روی سیب زمینی می ریزیم، مابقی برنج را با سایر مواد مخلوط می کنیم، و به دیگ بر می گردانیم.
مدت ده دقیقه با آتش متوسط می پزیم، سپس آتش را ملایم می کنیم، سرپوش را در حوله ای می چینیم، سر دیگ می گذاریم، و مدت ٤٥ دقیقه به پختن ادامه می دهیم.

Rice and cabbage

(Shiraz is city in Iran)

2 cups of chopped cabbage

3 cups rice

½ cup cooked black-eyed peas (lubia cheshm bolboli)

1½ pound mincemeat

1 grated onion

2 chopped onions

1 potato cut into rounds

1 cup chopped fresh dill

Salt, pepper, turmeric and ground cumin

Oil as needed

Method:

Mix the mincemeat, grated onion and a little salt and pepper.

Form into meatballs, fry in a little oil and set aside.

In the same pan add a little oil and fry the chopped onion, add the cabbage, fry and remove from the flame.

In a pot bring 7 cups of water to the boil and add salt and rice.

Cook for 7-10 minutes, place in a sieve and rinse.

Rinse the pot and replace it onto the stove.

When dry add a ¼ cup oil, some turmeric and arrange the potato rounds at the bottom of the pot.

Place 2-3 large tablespoons of rice onto the potatoes.

Mix the remaining rice with all the remaining ingredients place the mixture into the pot on top of the rice.

Cook for 10 minutes and cover the lid with a kitchen towel.

Lower the flame and continue cooking for 45 minutes.

کلم پلو (شیرازی)

کلم خرد شده	دو لیوان
برنج	سه لیوان
لوبیا چشم بلبلی پخته	نیم لیوان
گوشت چرخ شده	یک ونیم
پیاز رنده شده	یک عدد
پیاز خرد شده	دو عدد
سیب زمینی حلقه شده	دو عدد
شوید خرد شده	یک لیوان

روغن، نمک، فلفل، زیره کوبیده و زردچوبه به مقدار کافی

طرز تهیه:

گوشت، نمک، فلفل و پیاز رنده شده را با هم مخلوط می کنیم، وکوفته قلقلی کوچک درست می کنیم، در کمی روغن سرخ می کنیم، در بشقابی می گذاریم. در همان تابه با اضافه کردن کمی روغن پیاز خرد شده را سرخ می کنیم، کلم را اضافه می کنیم و ادامه به سرخ کردن می دهیم، از روی آتش برمی داریم.

در دیگ هفت لیوان آب جوش می آوریم، برنج و نمک را داخل دیگ می ریزیم، با قاشق چوبی بهم می زنیم، سرپوش می گذاریم، مدت هفت تا ده دقیقه می جوشانیم، سپس آبکش می کنیم، با آب معمولی می شوئیم. دیگ شسته را روی آتش خشک می کنیم، ربع لیوان روغن می ریزیم، زردچوبه اضافه می کنیم، سیب زمینی را ته دیگ می چینیم، و دو کفگیر از برنج سفید به روی سیب زمینی می ریزیم، و مابقی برنج را با سایر مواد و شوید و شفته مخلوط می کنیم، به دیگ برمی گردانیم، سرپوش می گذاریم. بعد از ده دقیقه سرپوش را در حوله ای می پیچیم، به روی دیگ می گذاریم، آتش را ملایم می کنیم، و مدت ٤٥ دقیقه به پختن ادامه می دهیم.

Rice with lentils

2½ cups rice
½ cup lentils
½ cup small black raisins
1 potato cut into rounds
Salt and turmeric to taste
Oil as needed

Method:

Soak the lentils for 4-5 hours before cooking.
Cook them in 1½ cups water until half-cooked.
In a pot bring 6 cups of water to the boil, add
salt, pepper and rice and cook for 7-10 minutes.
Place in a sieve and rinse.
Rinse the pot and place 4 tablespoons of oil and
turmeric in the pot.
Arrange the potato rounds at the bottom of the
pot.
Place 4-5 tablespoons of rice on top of the
potatoes.
Mix the remainder of the rice with the raisins
and lentils and place on top of the plain rice.
Cover and cook on a medium flame until steam is
visible.
Sprinkle 2-3 tablespoons of oil over the rice.
Wrap the lid with a kitchen towel, replace it
onto the pot and cook for a further 45 minutes
on a low flame.

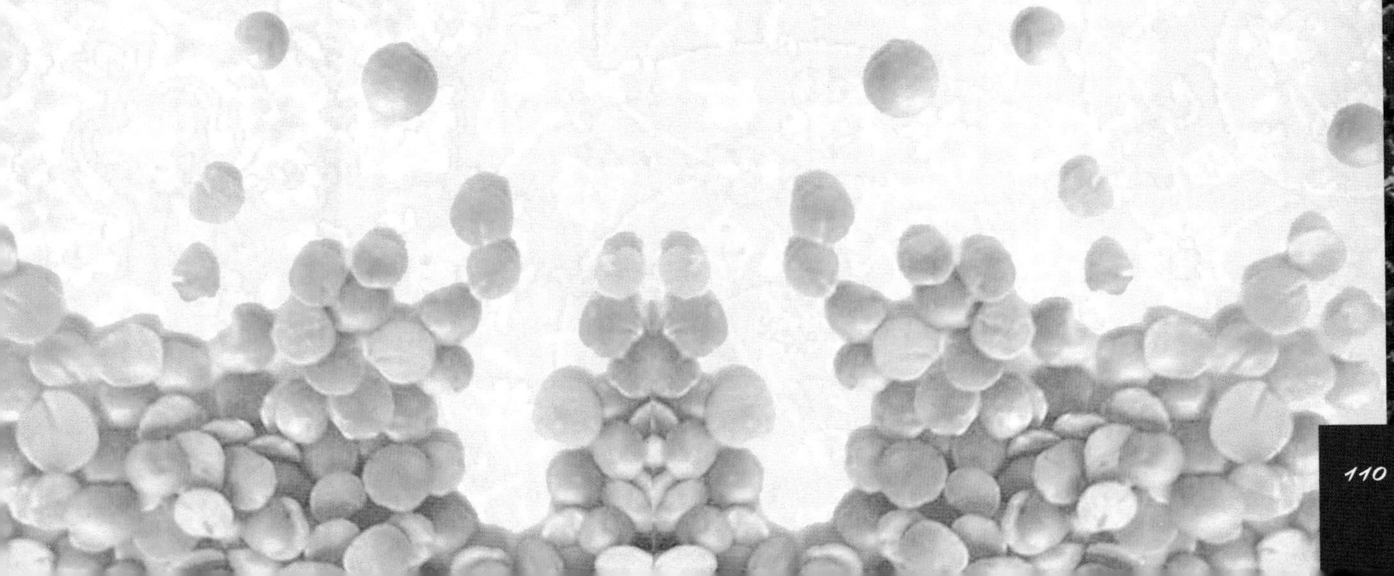

عدس پلو

دو و نیم
لیــوان   برنج
نیم لیوان   عدس
نیم لیوان   کشمش ریز سیاه
شش لیوان   آب
یک عدد   سیب زمینی حلقه شده
نمک، زردچوبه و روغن به مقدار کافی

طرز تهیه:

عدس را چهار- پنج ساعت قبل از پختن با آب
جوش خیس می کنیم، و با یک و نیم لیوان آب نیم
پز می کنیم. در دیگ شش لیوان آب جوش می
آوریم، نمک و برنج می ریزیم، بهم می زنیم، و
برای هفت تا ده دقیقه می جوشانیم، آبکش می کنیم،
با آب معمولی می شوئیم.
دیگ را می شوئیم. چهار قاشق روغن می ریزیم،
کمی زردچوبه می زنیم، تکه های سیب زمینی را
در دیگ می چینیم، چهار تا پنج قاشق برنج سفید
بر روی سیب زمینی ها می ریزیم، و مابقی برنج
را با عدس و کشمش شسته مخلوط می کنیم و به
دیگ برمی گردانیم، سرپوش می گذاریم، و با آتش
متوسط می پزیم. بعد از دم کشیدن، روغن به روی
برنج می دهیم. سرپوش را در حوله ای می پیچیم،
بر سر دیگ می گذاریم و مدت ٤٥ دقیقه با آتش
ملایم می پزیم.

Rice with fried garlic

3 cups rice
7 cups water
½ cup olive oil
4 cloves chopped garlic
1 potato cut into rounds
1 tablespoon salt
Turmeric to taste

Method:

Bring the water to the boil and add the salt and rice.
Cook for 7-10 minutes, place in a sieve and rinse.
Rinse the pot and place it on the stove on a medium flame.
Place ½ the oil and a pinch of turmeric into the pot.
Arrange the potato rounds at the bottom of the pot.
Place the rice in the pot and cover.
After 10 minutes lower the flame and cook for 45 minutes.
Before serving, fry the garlic in the remainder of the olive oil
and pour it over the rice while it is still in the pot.
Place a serving plate larger the pot over the open part and
turn the pot upside down.
If you do this carefully, the rice will come out like a cake.

برنج با سیر داغ

سه لیوان   برنج
هفت لیوان   آب
یک قاشق   نمک
نیم لیوان   روغن زیتون
چهار حبه   سیر خرد شده
یک عدد   سیب زمینی حلقه شده
نمک و زردچوبه به مقدار کافی

طرز تهیه :

آب را جوش می آوریم، نمک و برنج را می
ریزیم، و مدت هفت تا ده دقیقه می جوشانیم،
آبکش می کنیم، با آب می شوئیم.
دیگ را می شوئیم، روی آتش می گذاریم، نیمی
از مقدار روغن را می ریزیم، کمی زردچوبه می
زنیم، سیب زمینی ها را می چینیم، برنج را به
دیگ بر می گردانیم، سرپوش می گذاریم، و بعد
از ده دقیقه پختن، آتش را ملایم می کنیم، و ٤٥
دقیقه به پختن ادامه می دهیم. سیر را با مابقی
روغن سرخ می کنیم، و قبل از سرو غذا، هنگامی
که برنج هنوز در دیگ است به روی برنج می
ریزیم، و یک بشقاب بزرگتر از دهانه دیگ به سر
دیگ می گذاریم، و دیگ را وارونه می کنیم.
خیلی با احتیاط این عمل را انجام دهید. برنج به
شکل کیک در می آید.

سبزی پلو

(این پلو را معمولا" با ماهی سرخ شده و یا ماهی دودی سرو می کنند)

سه لیوان	برنج
چهار حبه	سیرخرد شده
سه عدد	پیازچه خرد شده
یک لیوان	از هر یک: تره فرنگی،
جعفری، شوید،	خرد شده
نیم لیوان گشنیز	خرد شده
کمی شنبلیله	خرد شده،
دو- سه	
قاشق	برگ کرفس،
یک قاشق	
مرباخوری	زعفران
ثلث لیوان	گلاب
یک عدد	سیب زمینی حلقه شده
یک عدد	پیاز حلقه بریده شده
هفت لیوان	آب

نمک، فلفل، روغن زیتون به مقدار کافی

طرز تهیه:

آب را با دو قاشق نمک جوش می آوریم. برنج شسته را در دیگ می ریزیم، با قاشق چوبی بهم می زنیم، و بعد از هفت تا ده دقیقه آبکش می کنیم، برنج را می شوئیم.
دیگ شسته را روی آتش می گذاریم، پنج قاشق روغن معمولی در دیگ می ریزیم، کمی زعفران می ریزیم، و حلقه های سیب زمینی و پیاز را بین هم می چینیم، و دو کفگیر برنج سفید به روی آنها می ریزیم، مابقی برنج را با سبزیهای خرد شده مخلوط می کنیم، کمی فلفل می زنیم، و به دیگ بر می گردانیم. سرپوش می گذاریم، و بعد از ده دقیقه آتش را ملایم می کنیم.
سیر را با سه قاشق روغن سرخ می کنیم، و روی برنج می ریزیم، و سه تا چهار قاشق روغن اطراف برنج می دهیم و مدت ۴۵ دقیقه به پختن برنج ادامه می دهیم.
هنگام سرو غذا، در لیوانی گلاب و زعفران را با هم در میکروویو برای مدت ۲۰ ثانیه گرم می کنیم، و به روی برنج در دیس می ریزیم.

Herb rice

This rice is usually served with fried or smoked fish.

3 cups rice
4 cloves chopped garlic
3 chopped scallions
1 cup of each the following freshly chopped: leek, parsley, dill, tarragon, chambelileh
2 or 3 chopped celery leaves
A little chopped coriander
½ teaspoon saffron
1/3 cup rosewater
1 potato cut into rounds
1 onion cut into rounds
7 cups water
Salt and pepper and oil to taste

Method:

Boil the water with 2 tablespoons of salt, add the rice and stir with a wooden spoon so that it doesn't stick together.
After 7-8 minutes, sieve and rinse.
Rinse the pot and return to the stove on a high flame, add 5 tablespoons of regular oil and a little saffron.
Arrange the potato slices and potato rounds on the bottom of the pot.
Place 5 tablespoons of the rice on top of the potatoes.
Mix the remainder of the rice with the chopped greens.
Add a little black pepper and place the mixture in the pot on top of the plain rice.
Cover and reduce the flame after 10 minutes.
Fry the garlic in 2 tablespoons of oil and sprinkle over the top of the rice.
Sprinkle another 2-3 tablespoons of oil over the rice and cook on a low flame for 45 minutes.
Before serving, place the rosewater and a little saffron in a cup and microwave for 20 seconds.
Pour over the rice in the serving dish and enjoy.

پلو گوجه فرنگی

سه لیوان	برنج
یک پاوند	گوشت چرخ شده
چهار عدد	گوجه فرنگی قرمز ریز خرد شده
دو عدد	پیاز خرد شده
سه حبه	سیر ریز شده
یک عدد	فلفل قرمز تازه ریز خرد شده
یک قاشق	گرد لیمو عمانی
دو عدد	سیب زمینی حلقه شده

نمک، فلفل، پاپریکا، کمی زعفران، روغن به قدر کافی

طرز تهیه:

با کمی روغن پیاز را سرخ می کنیم، سیر را با گوشت به آن اضافه می کنیم، بهم می زنیم، و با نوک کفگیر گوشت را از هم باز می کنیم. وقتی گوشت خوب سرخ شد، تکه های گوجه فرنگی و فلفل را روی گوشت می ریزیم و به سرخ کردن ادامه می دهیم. نمک، فلفل، گرد لیمو و پاپریکا می ریزیم. موقعی که آب آن تمام شد از روی آتش برمی داریم.

در دیگ هفت لیوان آب جوش می آوریم، یک قاشق نمک با برنج داخل دیگ می ریزیم، و هم می زنیم که بهم نچسبد، برنج را هفت تا ده دقیقه می جوشانیم، آبکش می کنیم، سپس آن را با آب می شوئیم.

دیگ را هم می شوئیم. روی آتش متوسط می گذاریم، خشک که شد، چهار تا پنج قاشق روغن ته دیگ می ریزیم، کمی زعفران در روغن ریخته و حلقه های سیب زمینی را ته دیگ می چینیم، و پنج تا شش قاشق از برنج سفید روی حلقه های سیب زمینی می ریزیم و مابقی برنج را با گوجه فرنگی و گوشت مخلوط می کنیم، دردیگ می ریزیم، سرپوش می گذاریم. هنگامی که بخار از دیگ خارج شود، سرپوش دیگ را با حوله می پوشانیم، و به روی دیگ بر می گردانیم و مدت ۴۵ دقیقه دیگ را روی آتش نگاه می داریم.

اگر پلو در دیگ تفلون پخته شود، هنگام سروغذا یک بشقاب بزرگتر از دیگ را روی دهانه دیگ می گذاریم و دیگ را به روی بشقاب بر می گردانیم و این پلو به شکل کیک در می آید.

Tomato rice

3 cups of rice
1 pond mincemeat
4 chopped tomatoes
2 chopped onions
3 chopped cloves of garlic
1 chopped red capsicum
1 tablespoon Persian lime powder
2 potatoes sliced into rounds
Olive oil
A pinch of saffron
Salt, pepper, and paprika to taste

Method:

Fry the onion in a little oil.
Add chopped garlic and mincemeat and continue to fry.
With a wooden spoon separate the mincemeat so that it doesn't stick together.
When well fried add the tomatoes and capsicum and continue frying.
When the ingredients are no longer separate, season with salt pepper, lime powder and paprika.
When the water has evaporated, remove from the stove.
In another pot boil 7 cups of water, one tablespoon of salt and add the rice.
Stir so that it doesn't stick together and boil on a high flame for 7-10 minutes.
Sieve and rinse with regular tap water.
Rinse the pot and return to the stove on a medium flame to dry.
Add 4-5 tablespoons of oil to the pot and add a pinch of saffron.
Arrange the potato slices at the bottom of the pot.
Place 5-6 tablespoons of rice on top of the potato slices.
Mix the rest of the rice with the meat and scoop it onto the rice and potatoes.
Cover and when the pot is steaming, wrap the lid with a kitchen towel and replace.
Cook for ¾ of an hour.
If the rice is cooked in a Teflon pot, when serving place a large serving plate on top of the pot and turn it upside down onto the plate so that the dish comes out like a cake.

پلو هویج و لوبیا

سه لیوان برنج
دو عدد هویج خرد شده ریز
یک پاوند لوبیا سبز خرد شده
نیم لیوان روغن
یک عدد نان لواش که اطراف آن بریده شده
نیم قاشق مرباخوری زعفران
نمک، فلفل و دارچین به مقدار کافی

طرز تهیه:

با نصف مقدار از روغن لوبیا را کمی سرخ می کنیم، هویج را به آن اضافه می کنیم، و به سرخ کردن ادامه می دهیم.
در دیگ هفت لیوان آب را جوش می آوریم، نمک و برنج می ریزیم. با قاشق چوبی به می زنیم که بهم نچسبد، سرپوش می گذاریم، و هفت تا ده دقیقه می جوشانیم. آبکش می اندازیم، با آب معمولی می شوئیم، و در کاسه ای برنج و لوبیا و هویج و دارچین را مخلوط می کنیم.
دیگ شسته را به روی آتش می گذاریم، خشک که شد مابقی روغن را در دیگ می ریزیم، زعفران اضافه می کنیم، نان را در ته دیگ پهن می کنیم، و برنج مخلوط شده را در دیگ می ریزیم، سرپوش می گذاریم، و بعد از دم کشیدن، آتش را ملایم می کنیم. و مدت ٤٥ دقیقه به پختن ادامه می دهیم. اگر برنج هنوز خوب نپخته بود، دو تا سه قاشق آب به روی برنج می پاشیم، و ده دقیقه دیگر ادامه به پختن می دهیم.
هنگام سرو کردن غذا، نان لواش برشته شده را می بریم و اطراف دیس می چینیم.

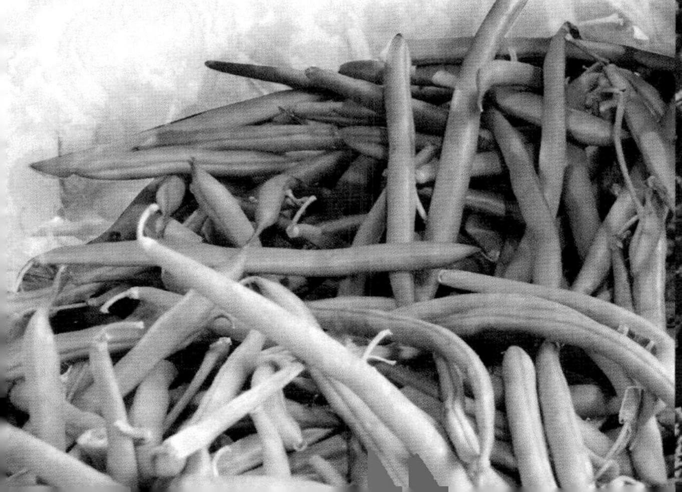

Rice, carrots and green beans

3 cups rice
2 finely chopped carrots
1 pound chopped green beans
½ cup oil
1 laffa bread without crispy edges
½ teaspoon saffron
Salt, pepper and cinnamon to taste

Method:

With ½ of the oil fry the green beans for a few minutes add the carrots, continue frying and remove from the flame.

In a pot bring 7 cups of water to the boil.

Add rice and salt and stir with a wooden spoon so that it won't stick together.

Cover the pot and cook for 7-10 minutes. Sieve and rinse.

In a bowl mix the rice, beans and carrots together and add cinnamon.

Rinse the pot and replace onto the stove.

When dry place the remainder of the oil, add saffron and place the laffa on the oil.

Place the mixed rice on the laffa in the pot and cover.

When the pot starts to steam, lower the flame and cook for ¾ of an hour.

If the rice is not cooked properly, sprinkle 2-3 tablespoons of water over the rice.

Continue cooking for a further 10 minutes.

When serving, cut the grilled laffa into pieces and place it around the rice mixture.

گمرد

خانمها هنگامی که دوره دارند، گمرد را اضافه بر غذاها و مزه های دیگر می پزند. به این ترتیب که یک لیوان برنج، یک و نیم لیوان آب، کمی نمک و روغن می پزیم تا تقریباً" شله مانند شود، آنگاه آنرا در بشقاب تخت می ریزیم و رویش را با قاشق صاف می کنیم و با همان قاشق چاله های کوچک در میان برنج درست می کنیم. سرکه و نعنای خشک کوبیده را مخلوط می کنیم و در این چاله ها می ریزیم.

گمرد را گرم سرو می کنیم.

چلو با ته چین

برای تهیه چلو و یا پلو با ته چین، برای هر مقدار برنج که لازم داریم، یک عدد تخم مرغ را با کمی آبلیمو و زعفران بهم می زنیم، با دوکفگیر برنج نیمه پخته مخلوط می کنیم. بعد از جوشاندن برنج و آبکش انداختن آن، ته دیگ را می شوئیم، روغن می ریزیم و برنج مخلوط شده را به روغن داغ اضافه می کنیم، سپس مابقی برنج سفید را می ریزیم، بعد از ده دقیقه دم کشیدن آتش را ملایم می کنیم، کمی روغن به روی برنج می دهیم، و ۳۰ دقیقه به روی آتش نگه می داریم.

می توانیم از همین ته چین برای پلوهائی که با گوشت پخته می شوند تهیه کنیم.

Gemart

When women gather together to chat and eat, this rice can be served as a snack as part of a mazze platter.

Cook 1 cup of rice in 1 cup of water with a little salt and oil until almost all the liquids have been absorbed. This rice is not supposed to be completely cooked, but rather a little chewy with about 1 tablespoon of liquid. Dish it up onto a place and flatten with a tablespoon. Make little wells in the rice and place a mixture of vinegar and golpar in these wells. Serve hot.

Rice with burnt rice

To make the bottom of the rice, in a bowl mix lemon juice, saffron, one egg, 2-3 tablespoons of cooked rice and set aside.

After ½ cooking the desired quantity of rice, place it in a sieve and rinse.

Rinse the pot as well and return it to the stove.

Place some oil and the rice and egg mixture at the bottom of the pot and spread evenly

Place the plain rice on top of the mixture.

Cover and cook on a medium flame for 10 minutes.

Lower the flame and sprinkle a little oil over the top of the rice.

Cook for a further 30 minutes.

This kind of rice can be cooked or served with meat.

Stuffed
دلمه ها

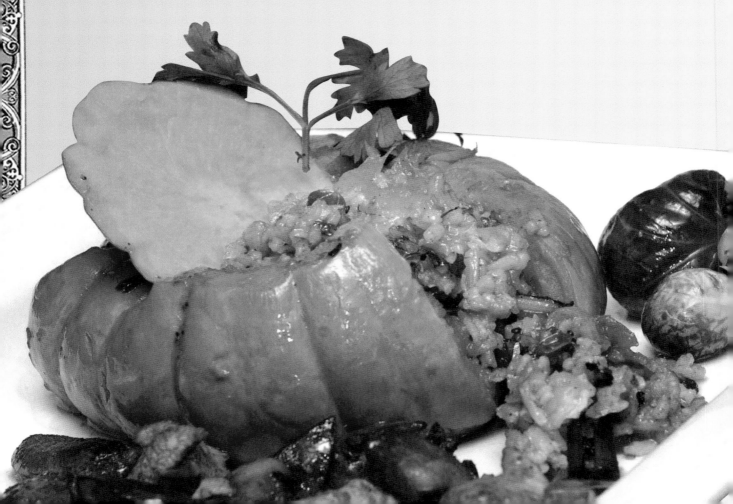

Stuffed Cabbage

1 cabbage
1 pound mincemeat
1 cup rice
2 chopped onions
3 tablespoons dried onion flakes
4 tablespoons tomato paste
½ cup chopped parsley
½ cup chopped mint
1 tablespoon Persian lime powder
2 tablespoons citrus syrup
Salt, pepper and turmeric to taste

Method:

Boil the cabbage until leaves are soft, but firm.
Rinse under cold running water to separate leaves and remove the hard part of the cabbage.
Fry onion with 4 tablespoons of olive oil and add mint and parsley and remove from the stove.
In a bowl mix the fried onion, mincemeat, dried onion flakes, rice, lime powder, salt, pepper and turmeric.
Fill each cabbage leaf with 1 tablespoon of the mincemeat mixture and wrap.
Place the filled leaves in a pot.
Place a small plate over the stuffed leaves in order for them to stay wrapped.
Add salt and pepper, tomato paste and citrus syrup, 3 tablespoons of olive oil.
Fill the pot with water to cover the leaves.
Cover with a lid, bring to the boil and lower the flame.
Cook on a low flame for one hour.

دلمه کلم برگ

یک عدد کلم برگ
یک پاوند گوشت چرخ شده
یک لیوان برنج
دو عدد پیاز خرد شده
سه قاشق پیاز خشک
نیم لیوان جعفری خرد شده
نیم لیوان نعنا خرد شده
یک قاشق گردلیمو
دو قاشق مربای آلو
یک قاشق رب تمبر هندی
دو قاشق شربت مرکبات
نمک، فلفل و زردچوبه به قدر کافی

طرز تهیه:

لم را در دیگی می جوشانیم (البته نه زیاد که له شود) سپس زیر شیر آب، برگ های آن را جدا می کنیم و قسمت ضخیم آن را می بریم.
پیاز را با چهار قاشق روغن تفت می دهیم، گوشت را بپیاز اضافه میکنیم ، و از روی آتش بر میداریم سپس نعنا وجعفری خرد شده را در کاسه ایی میریزیم و پیاز خشک، برنج، رب تمبر و مربای آلو گردلیمو،آب لیمو و نمک، فلفل وزردچوبه را با هم مخلوط می کنیم، و روی هربرگی یک قاشق از این مایه می گذاریم، و خوب آنها را می پیچیم و در دیگ مناسب می چینیم - به طوریکه قسمت پیچیده زیر دلمه قرار گیرد که باز نشود، و بشقاب تختی به روی دلمه ها می گذاریم، از کنار دیگ آب می ریزیم به طوری که روی دلمه ها را بپوشاند. کمی نمک و فلفل اضافه می کنیم، شربت مرکبات می افزائیم و سه قاشق روغن روی آب دیگ می ریزیم، سرپوش می گذاریم. بعد از جوش آمدن با آتش کم، مدت یک ساعت می پزیم.
قبل از پیچیدن دلمه ترش وشیرین بودن دلمه را امتحان میکنیم وترش وشیرین آنرا میزان میکنیم .
با همین دستورات می توانیم، گوجه فرنگی، فلفل سبز و یا قرمز، بادمجان و یا انواع کدوها را نیز پر کنیم.

Stuffed eggplant

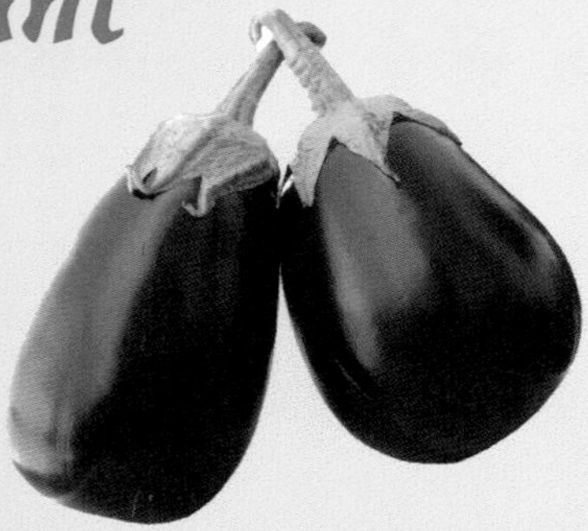

3 medium eggplants
4 tablespoons ground pecan nuts
1 tablespoon tamarind
450 gram of mincemeat
1 cup cooked rice
2 tablespoons onion flakes
2 tablespoons citrus syrup
½ cup chopped mixed parsley and mint
1 tablespoon date syrup
2 tablespoons flour
1 tablespoon tomato paste
Salt and pepper to taste

Method:

Cut the eggplants at the top and the bottom so that they can stand upright without falling over.
Cut the eggplants in half so that each eggplant is divided into two pieces.
From each piece of eggplant, cut a round slice, about 1cm thick, to make a lid for the stuffed eggplants.
Empty the insides of the eggplants, leaving the bottom, and salt.
Turn the eggplants upside down, leave for an hour and rinse.
Sprinkle flour on the outside and inside of the emptied eggplant and fry the outsides in a little oil.
In a bowl mix all the remainder of the ingredients, except the tomato paste and citrus syrup, and stuff the eggplants.
Place the round pieces cut earlier on top as lids.
Place the stuffed eggplants in a pot and fill it halfway with water.
Add a little oil, tomato paste and citrus syrup to the water.
Cover and bring to the boil.
Lower the flame and continue cooking until the water has been absorbed.
Do not remove the eggplants from the pot while they are still hot, as they will fall apart.

دلمه بادمجان

سه عدد   بادمجان متوسط
چهار قاشق   گردو کوبیده
یک قاشق   رب تمبر هندی
چهار صد
پنجاه اونس   گوشت چرخ شده
یک لیوان   برنج پخته شده
دو قاشق   پیاز خشک خرد شده
دو عدد   پیاز خرد شده
دو قاشق   شربت مرکبات
نیم لیوان   نعنا و جعفری با هم خرد شده
یک قاشق   شیره خرما
دو قاشق   آرد
یک قاشق   رب گوجه فرنگی
نمک، فلفل، روغن به مقدار کافی

طرز تهیه:

از سر و ته بادمجان ها تکه نازکی می بریم که بادمجان ها در دیگ به آسانی بایستند، سپس آنها را ازدرازا نصف می کنیم، و حلقه ای به قطر یک سانت از هر نصف بادمجان می بریم (برای سرپوش دلمه ها) و کنار می گذاریم. داخل آنها را خالی می کنیم، نمک می زنیم، و وارونه می کنیم تا تلخی آنها با نمک بچکد. پس از یک ساعت آنها را می شوئیم، کمی خشک می کنیم، و از داخل و خارج آرد می پاشیم و با کمی روغن سرخ می کنیم.

در همان تابه روغن دار پیاز خرد شده را سرخ میکنیم گوشت را بپیاز اضافه میکنیم. و در کاسه ای تمام مواد ذکر شده را غیر از رب گوجه فرنگی و شربت مرکبات با هم مخلوط می کنیم، و داخل بادمجان ها را از مواد مخلوط شده پر می کنیم و حلقه های بریده شده را به سر دلمه ها می گذاریم.

دلمه ها را در دیگ می چینیم، تا نصف درازی بادمجان آب می ریزیم، کمی روغن و شربت مرکبات و رب گوجه فرنگی اضافه می کنیم، سرپوش می گذاریم، بعد از جوش آمدن، آتش را ملایم می کنیم و به پختن ادامه می دهیم، تا مایه آبکی دیگ تمام شود. دلمه ها را داغ از دیگ خارج نمی کنیم.

Stuffed vine leaves

(30-35 pieces)

300gr vine leaves
200gr mincemeat
2 chopped onions
1 cup cooked rice
1 tablespoon date syrup
1 tablespoon tamarind sauce
2 tablespoons dried onion flakes
1 tablespoon pine nuts
1 tablespoon chili sauce
½ cup olive oil
2 tablespoons water
Salt and pepper to taste

Method:

Rinse the vine leaves and place in boiled water for
5 minutes.
With ½ of the oil fry the onions, add the meat and
continue frying.
Remove from the stove.
In a bowl, mix the meat, rice, tamarind sauce, date
syrup, dried onion flakes, pine nuts and chili.
Season with salt and pepper.
On each leaf place a tablespoon of the mixture and
roll them closed.
If the leaves are small use two together.
Place the rolled leaves in a pyrex dish and pour the
remainder of the olive oil over them.
Sprinkle a little salt and pepper over the rolled
leaves and 2 cups of water.
Cover with aluminum foil or a lid and place in
a pre-heated oven (170 degrees Celsius) for 45
minutes.
Remove the foil or the lid and grill for a further 10
minutes.
Allow the leaves to cool for at least 5 minutes
before serving.

دلمه برگ مو

سیصد گرم	برگ مو
دویست گرم	گوشت چرخ شده
دو عدد	پیاز خرد شده
یک لیوان	برنج پخته
یک قاشق	شیره خرما
یک قاشق	رب تمبر هندی
دو قاشق	پیاز خشک
یک قاشق	صنوبر
یک قاشق	سس چیلی
دو لیوان	آب
نیم لیوان	روغن
نمک و فلفل به مقدار کافی	

طرز تهیه:

برگ ها را می شوئیم و پنج دقیقه آنها را در آبجوش
می گذاریم .
با نیمی از مقدار روغن، پیاز را سرخ می کنیم و
گوشت را با ان تفت می دهیم و از روی آتش بر
می داریم. در کاسه ای گوشت، برنج، تمبر هندی،
شیره خرما، پیاز خشک، صنوبر و سس چیلی را
مخلوط می کنیم. نمک و فلفل را می ریزیم، روی
هربرگی یک قاشق از این مایه می گذاریم و دلمه
ها را می چینیم، برگ های کوچک را هر دو برگ
بهم وصل می کنیم.
در ظرف مناسب فر باشد میچینیم و کمی نمک
فلفل می ریزیم، دو قاشق روغن زیتون و سه لیوان
آب اضافه می کنیم و با کاغد آلومینیوم آن را می
پوشانیم، و در فر گرم شده از قبل با درجه ۱۷۰
برای مدت ٤٥ دقیقه می پزیم، سپس روکش آن را
بر می داریم و پنج دقیقه دیگر در فر می گذاریم
بماند. بعد از خارج کردن دلمه ها از فر باید پنج
دقیقه صبر کنیم تا خنک شود.

122

Stuffed Potatoes

10 medium potatoes
300gr mincemeat
2 grated onions
2 hard-boiled eggs
1/3 cup chopped parsley
1 cup tomato juice
½ spoon hot chili
200gr fresh mushrooms
1 chopped onion
1 tablespoon flour
1 table spoon apple cider vinegar
1 cup water
½ teaspoon mustard
Salt, pepper and paprika to taste
Oil for frying

Method:

Peel and scoop out the insides of the potatoes.
Fry them in a little oil.
In a bowl mix the mincemeat, parsley, grated
onions, salt, pepper and mustard.
Grate the hard-boiled eggs over the mixture
and stir until well combined.
Fill the potatoes with the mixture and place
into a pot.
Fry the onions in the oil that the potatoes
were fried in, add flour and mix.
Add mushrooms and chili and fry for about a
minute.
Add cider vinegar, tomato juice and water.
Bring it to the boil and pour into the pot with
the potatoes.
Cover, reduce flame and cook for 30-40
minutes.

دلمه سیب زمینی

ده عدد	سیب زمینی یک اندازه
یک پاوند	گوشت چرخ شده
دو عدد	پیاز رنده شده
دو عدد	تخم مرغ سفت شده
ثلث لیوان	جعفری ساطوری شده
یک لیوان	آب گوجه فرنگی
نیم قاشق	
مرباخوری	چیلی تند
دویست گرم	قارچ تازه
یک عدد	پیاز خرد شده
یک قاشق	آرد
یک قاشق	سرکه سیب
یک و نیم	
لیوان	آب
نیم قاشق	
مرباخوری	خردل

نمک، فلفل، گرد پاپریکا و روغن برای سرخ کردن

طرز تهیه:

سیب زمینی ها را پوست می کنیم، و داخل آن را خالی
می کنیم. با کمی روغن آنها را تفت می دهیم، در کاسه ای
گوشت، جعفری، پیاز رنده شده، با نمک، فلفل و خردل با
هم مخلوط می کنیم و تخم مرغ ها را روی گوشت رنده می
کنیم، و خوب مالش می دهیم تا با هم مخلوط شوند. سیب
زمینی ها را از این مایه پر می کنیم و در دیگ می چینیم.
در همان روغن، مانده پیاز را سرخ می کنیم. آرد را به آن
اضافه می کنیم، هم می زنیم، و قارچ و چیلی را اضافه کرده
و بهم می زنیم. سرکه، آب و آب گوجه فرنگی را همچنین
با هم یک جوش می دهیم، و در دیگ روی سیب زمینی ها
می ریزیم، سرپوش می گذاریم و بعد از جوش آمدن آتش را
ملایم می کنیم. مدت پختن بین ۳۵ تا ۴۰ دقیقه است.

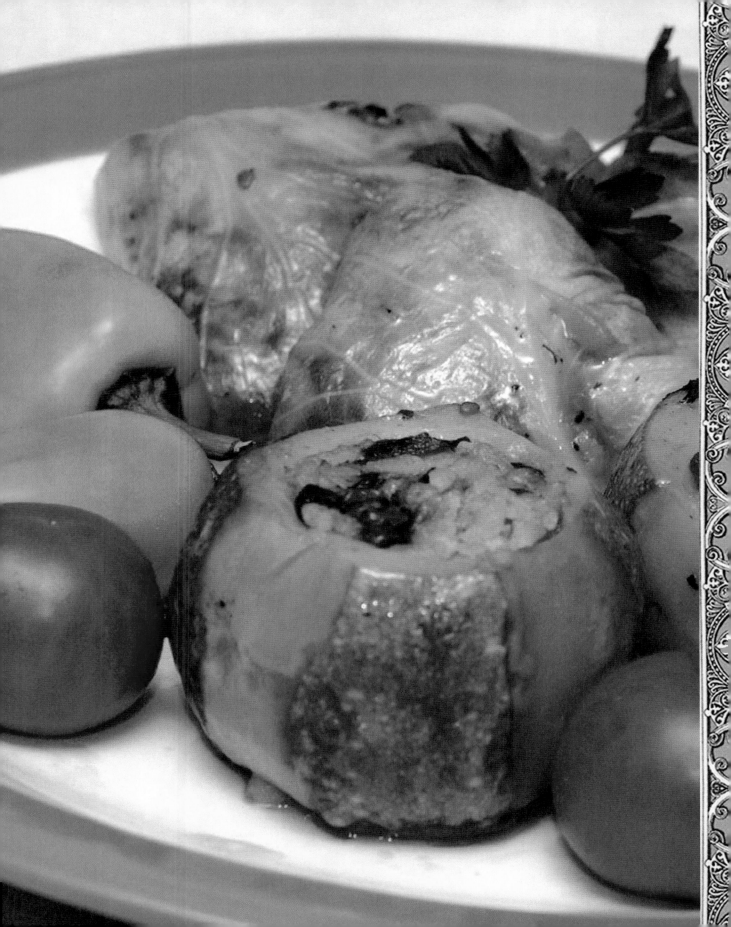

jam

انواع مربا

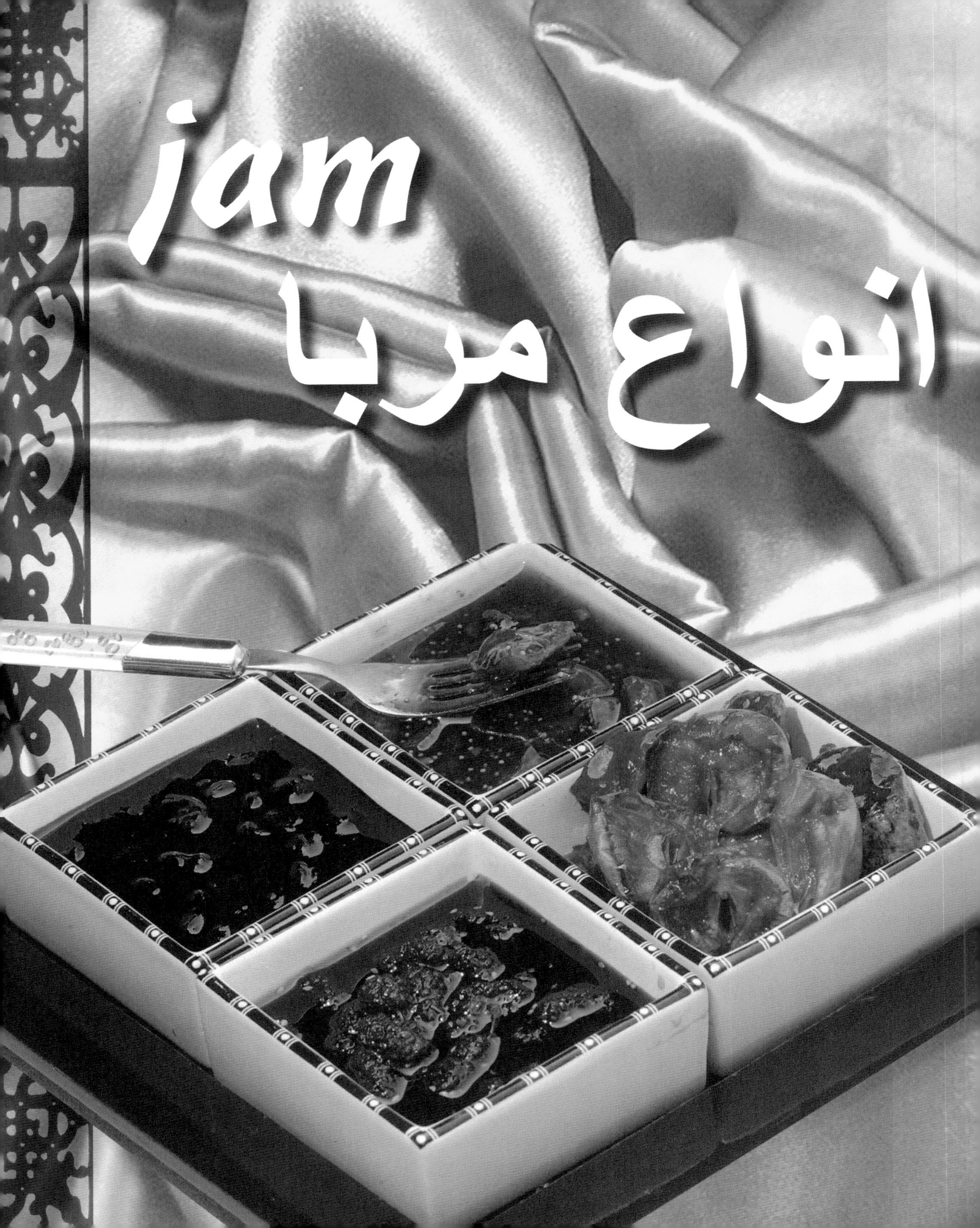

concoction

100gr. almonds
100g. peeled pistachio nuts
100gr. pecan nuts
150gr. seedless raisins
100gr. peanuts
200gr. pitted ground dates
3 tablespoons date syrup
2 tablespoons honey
2 tablespoons vinegar
A pinch of saffron
A pinch of ground cinnamon
A pinch of ground ginger
¼ teaspoon ground black pepper
Sweet red wine to taste (about 1½ cups)

Method:

Rinse peanuts, almonds, pistachios and pecan nuts separately and strain separately. Do not add salt.
Roast them separately.
Rinse the raisins with water and then with wine and throw out the wine.
Grind all the nuts together in electric mixer and place in a bowl.
Grind the raisins with a little wine and add to the ground nuts.
Add saffron and the rest of the ingredients and mix well.
Add more wine until the mixture is thick.
Because of the vinegar it is possible to keep in the fridge for a long period of time.

معجون

ثلث پاوند پسته پوست کنده
ثلث پاوند مغز گردو
ثلث پاوند مغز بادام
ثلث پاوند کشمش سیاه بدون هسته
ثلث پاوند مغز بادام کوهی
نیم پاوند خرمای چرخ کرده
سه قاشق سیلان (شیره خرما)
دو قاشق عسل
دو قاشق سرکه
کمی زعفران، دارچین کوبیده، زنجبیل کوبیده
ربع قاشق مرباخوری فلفل سیاه کوبیده
یک ونیم لیـوان شراب (مقدارکافی)

طرز تهیه:

مغز گردو، مغز بادام و پسته را هر کدام جداگانه می شوئیم و در آبکش می ریزیم تا کمی خشک که شد هر کدام را جداگانه بو می دهیم، نمک نمی زنیم، کشمش را اول با آب، سپس با شراب می شوئیم، آجیل ها را چرخ می کنیم، و در کاسه ای می ریزیم، کشمش را با شراب چرخ می کنیم، و به آجیل اضافه می کنیم، ادویه و عسل و سرکه به آن اضافه می کنیم ، با هم مخلوط می کنیم و کم کم شراب می ریزیم تا مایه غلیظی بدست آوریم. بخاطر اینکه سرکه در حلق می ریزیم، مدت زیادی می توانیم حلق را در یخچال نگهداری کنیم.

Fig jam

2 pounds hard, yellow figs
1½ pounds sugar
1 cups water
1 tablespoon honey
½ teaspoon ground cardamom

Method:

Remove the stalks of the figs and rinse them.
Boil the water and sugar together until almost caramelized.
Add the figs and turn them over so that they are all covered in the syrup.
Add the ground cardamom and honey and continue turning the figs over taking care not to break them.
Cook on a medium flame until the figs are light brown in color.
Allow to cool for 4 hours, place in a jar and close tightly.

مربای انجیر

دو پاوند	انجیر سفت و زرد
سه لیوان	شکر
یک لیوان	آب
یک قاشق	عسل
نیم قاشق	هل سائیده

طرز تهیه:

دم انجیرها را می بریم و می شوئیم، آب و شکر را قوام می آوریم، انجیرها را در دیگ می ریزیم، و با کفگیر چوبی چند مرتبه هنگام پختن زیر و رو می کنیم تا همه انجیرها در شربت بجوشد. آتش را ملایم می کنیم تا انجیرها شکافته نشوند. سرپوش نمی گذاریم، هل و عسل را اضافه می کنیم. هنگامی که مربا رنگ قهوه ای کمرنگ شد، از روی آتش بر می داریم، و بعد از چهار ساعت در شیشه می ریزیم و سر آن را می بندیم و در یخچال نگهداری می کنیم.

Citron jam

2 citrons
2 pounds sugar
4 cups water for the jam
3-4 whole cardamom pods
5-6 sugar cubes (kund)

Method:

Grate the citron peel a little to get rid of its bitter taste.

Rub the citrons with the sugar cubes to get rid of the bitter taste completely.

Cut the citrons into small cubes and remove the seeds keep them for later.

With a knife, remove the piece of flesh where the seed was and throw it out.

Put the citrons in a bowl and cover them with water.

For four consecutive days, throw out and replace the water each day.

After four days, boil the citrons in 1½ liters of water, place in a sieve and rinse.

Repeat 3 times.

Press the pieces between the palms of your hands lightly to get rid of some of the juice and set aside.

Bring the 4 cups of water to the boil with the sugar until lightly golden.

Add the cardamom pods, citron pieces and seeds.

Cook on a low flame until golden yellow in color.

After cooling for 3-4 hours, place in a jar and close tightly.

مربای اتروق

دو عدد   اتروق زرد رنگ
دو پاوند   شکر
چهار لیوان   آب برای مربا
چهار حبه   هل
پنج-شش   حبه قند

طرز تهیه:

با رنده ریزپوست اتروق ها را کمی میتراشیم که تلخ نباشد، سپس با حبه های قند آنها را می سائیم و به تکه های کوچک می بریم، قسمت داخلی آنها را بیرون می آوریم، ولی هسته ها را نگه می داریم. تکه های اتروق را در کاسه آب می اندازیم، به طوریکه آب روی آنها را بپوشاند و مدت چهار روز هرروز آب آنها را عوض می کنیم. روز پنجم یک و نیم لیوان آب جوش می آوریم، تکه های اتروق را برای پنج دقیقه می جوشانیم، با کفگیر زیرورو می کنیم، تا همه تکه ها بجوشد. آنگاه آبکش می کنیم، می شوئیم و این عمل را سه مرتبه انجام می دهیم. بعد از مرتبه آخر، با کف دست کمی بر روی تکه های اتروق فشار می دهیم، تا آب اضافی آنها خارج گردد. در دیگی متوسط چهار لیوان آب و شکر را قوام می آوریم، حبه های هل و هسته های اتروق را داخل دیگ می اندازیم، و تکه های اتروق را با آتش ملایم و بدون گذاشتن سرپوش می پزیم، تا زرد رنگ شود. از روی آتش کنار می گذاریم و بعد از سه یا چهار ساعت در شیشه جا می دهیم.

Peach jam

2 pounds peaches
2 pounds sugar
A little vanilla sugar
½ tablespoon lemon zest

Method:

Peel the peaches, chop them in half, remove
the stone and chop each half into 2 pieces.
Place them in a pot add sugar and vanilla
sugar and refrigerate overnight.
The following day place the pot on the stove
and cook for 30 minutes on a low heat.
Add the lemon zest and remove from the
flame.
Place in a jar after 3-4 hours and refrigerate.

While cooking, fold the peaches over with
a wooden spoon so that they will be well
cooked. It is unnecessary to add water as
peaches give off their own liquid.

You can make apricot jam in the same way,
but there is no need to peel them.

مربای هلو

دو پاوند   هلو
دو پاوند   شکر
نیم قاشق   پوست لیمو ترش تراشیده
کمی شکر وانیل

طرز تهیه:

هلوها را با احتیاط پوست می کنیم، از وسط
نصف می کنیم. هسته های آنها را بیرون
می آوریم، و هر نصف را دو نصف می
کنیم. هلوها را در دیگ می ریزیم. شکر
وانیل و شکر به روی آنها می ریزیم، یک
شب در یخچال می گذاریم. پوست لیمو ترش
می ریزیم و با آتش ملایم برای نیم ساعت
می پزیم. هنگام پختن دو- سه مرتبه با قاشق
چوبی تکه های هلو را زیرورو می کنیم، تا
همه با شکر پخته شود. بعد از دو سه ساعت
در شیشه می ریزیم و سر شیشه را می بندیم
و در یخچال نگهداری می کنیم. این مربا
و همچنین مربای زردآلو احتیاج به اضافه
کردن آب ندارد.

مربای زردآلو را به همین طریق درست می
کنیم، ولی بدون پوست کندن زردآلوها.

Apple jam

2 pounds apples
2 pounds sugar
½ tablespoon ground cardamom
2cups water
1 small cinnamon stick
1-2 mint leaves.

Method:

Rinse the apples and chop them into small cubes.
Bring the sugar and water to the boil and add the cinnamon stick.
After boiling 2-3 times add the apples and mint leaves.
Remove the cinnamon stick and add the ground cardamom.
Don't cover the pot, when the apples are golden, remove from the stove.
After 3-4 hours and place in a jar, close tightly and store at room temperature.

مربای سیب

دو پاوند   سیب درختی
دو پاوند   شکر
نیم قاشق   هل سائیده
دولیوان   آب
یک قطعه   کوچک از چوب دارچین
اگر دسترسی به گل عطری داریم، یک ـ دو برگ گل

طرز تهیه:

سیب ها را می شوئیم، و به قطعات کوچک می بریم. آب و شکر را می جوشانیم. چوب دارچین را در شکر می اندازیم، بعد از دو تا سه جوش سیب ها را اضافه می کنیم. برگ گل عطری را می اندازیم و تکه دارچین را بیرون می آوریم و هل را اضافه می کنیم. سرپوش نمی گذاریم، و هنگامی که رنگ طلائی شد، از روی آتش بر می داریم. بعد از سه تا چهار ساعت، در شیشه می ریزیم و سر آنها را می بندیم . می توانیم در حرارت اطاق نگهداریم.

Sour cherry jam

2 pounds sour cherries
2 pounds sugar
½ tablespoon vanilla sugar

Method:

Rinse the cherries and freeze them for 3-4 hours in order to be able to remove the pips easily.
Place the cherries in an enamel or stainless steel pot after removing the pips, sprinkle the regular sugar over them and refrigerate overnight.
It is not necessary to add water as the cherries have their own liquid.
Bring the pot to the boil, add vanilla sugar and cook for 20 minutes on a medium flame.
Remove from the flame and place in a jar after 3-4 hours.
This jam can be used for cherry rice.

مربای آلبالو

دو پاوند آلبالو
دو پاوند شکر
نیم قاشق شکر وانیل

طرز تهیه:

آلبالوها را می شوئیم، و برای سه تا چهار ساعت در فریز می گذاریم، تا بتوانیم هسته های آنها را به آسانی بیرون بیآوریم. سپس آلبالوها را در دیگی می ریزیم، شکر بر روی آنها می پاشیم و یک شب در یخچال میگذاریم، و در دیگ لعابی و یا نروستا به روی آتش می گذاریم (احتیاج به اضافه کردن آب ندارد). بعد از بیست دقیقه جوش زدن، شکر وانیل را می ریزیم و از روی آتش کنار می گذاریم. مربا را بعد از سه تا چهار ساعت در شیشه می ریزیم و در یخچال نگهداری می کنیم.
می توانیم از این مربا برای پلو آلبالو استفاده کنیم.

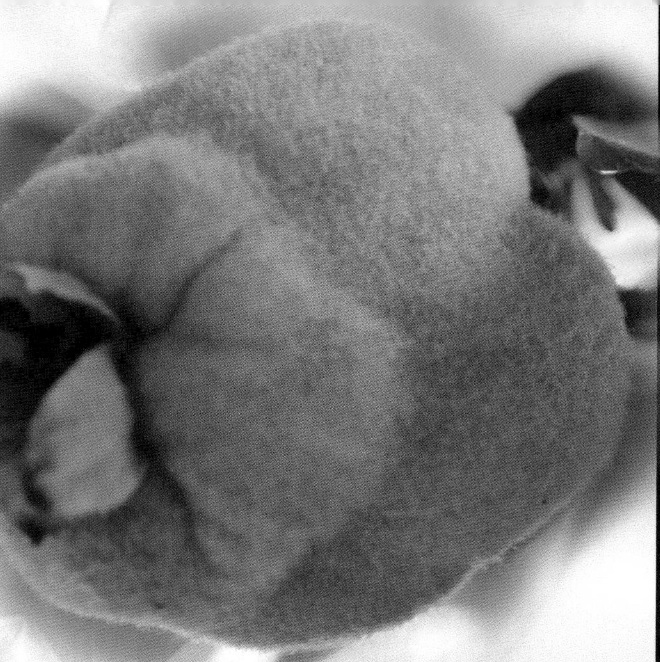

quince jam

5 quinces
4 cups sugar
½ cup lemon juice
4 cups water
5 cardamom seeds
1 spoon grated lemon zest

Method:

Wash and peel quinces, remove seeds and dice.
Boil the water with sugar until golden.
Add the quinces, cardamom seeds and stir.
Do not cover and cook on a low flame.
Turn the quinces with a wooden spoon from time to time so that they retain an even color.
When the quinces are a lovely deep red color, add the lemon zest and juice.
Continue cooking for 10 minutes.

The quince seeds are good for coughs. Dissolve them in hot water and drink.
Quince syrup is good for people who suffer from a runny tummy.

مربای به

سه عدد	به
چهار لیوان	شکر
نیم لیوان	آبلیمو
چهارلیوان	آب
پنج دانه	هل درسته
یک قاشق مرباخوری	پوست لیموی رنده شده

طرز تهیه:

به ها را می شوئیم، پوست می کنیم و هسته ها را بیرون می آوریم و به صورت تکه های کوچک می بریم. آب و شکر را جوش می آوریم تا قوام آید. به ها را دردیگ می ریزیم، هل را هم اضافه می کنیم، بهم می زنیم، (سرپوش نمیگذاریم) و با آتش ملایم می پزیم. هر چند دقیقه ای به ها را آهسته با کفگیر زیرورو می کنیم، که همه یک رنگ درآید. موقعی که قرمز و خوشرنگ شد، پوست رنده شده لیمو و آبلیمو رااضافه می کنیم، چند جوش دیگر می دهیم و آتش را خاموش می کنیم.

هسته های به بهترین دارو برای سرفه است. به این ترتیب که با آب جوش حل کرده و آب آنرا بنوشند. شربت به برای کودکان و یا کسانی که زیاده روی معده دارند بسیارموثر است.

Pumpkin Jam

2 pounds pumpkin
2 pounds sugar
3 tablespoons zereshk
½ tablespoon saffron
4 cups water for the jam
½ tablespoon pickling lime
7 cups water to mix the pickling lime

Method:

Peel and chop the pumpkin into small cubes.
Dissolve the pickling lime in 7 cups of water and place the pumpkin cubes in the mixture for 10 minutes.
Place the cubes in a sieve and rinse them.
Bring 5 cups of water to the boil with the sugar and when it turns an almost golden color, add the pumpkin cubes.
Keep folding the pumpkin over with a wooden spoon.
Add zereshk and saffron and do not cover the pot.
Continue folding the pumpkin cubes over so that they are cooked evenly.
Cook on a low flame for 45 minutes.
Pumpkin jam has very subtle taste and is quite crunchy.

مربای کدو زرد

دو پاوند کدو زرد
دو پاوند شکر
نیم قاشق
مرباخوری زعفران
چهار لیوان آب برای مربا
نیم قاشق آهک
سه قاشق زرشک
هفت لیوان آب برای حل کردن آهک

طرز تهیه:

کدو را پوست می کنیم و به صورت قطعه های کوچک می بریم. آهک را در هفت لیوان آب حل می کنیم، و قطعه های کدو را برای ده دقیقه در آب آهک می گذاریم. سپس کدو رامی شوئیم، یک بار می جوشانیم، آبکش می کنیم، خوب می شوئیم. پنج لیوان آب را با شکر قوام می آوریم، تکه های کدو را در آب شکر می ریزیم، و با قاشق چوبی زیرورو می کنیم، به صورت که له نشود. زرشک را اضافه می کنیم، زعفران می زنیم، (سرپوش نمی گذاریم). چند مرتبه زیرورو می کنیم، تا همه تکه های مربا آب شکر را جذب کند و برای ٤٥ دقیقه با آتش ملایم می پزیم.
مربای کدو ترد و شکننده خواهد بود.

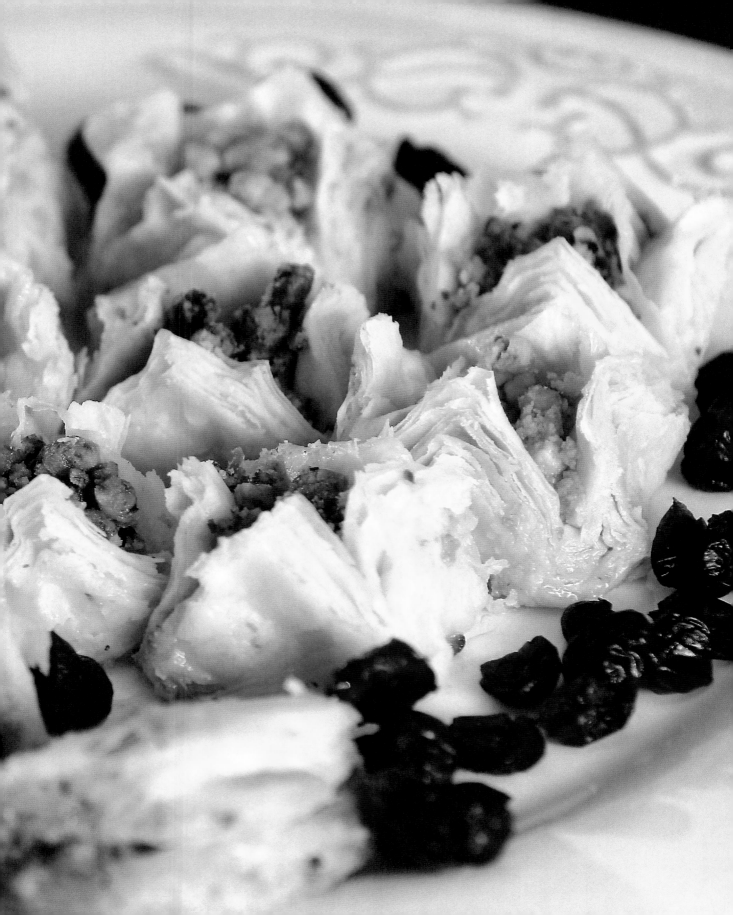

Syrup

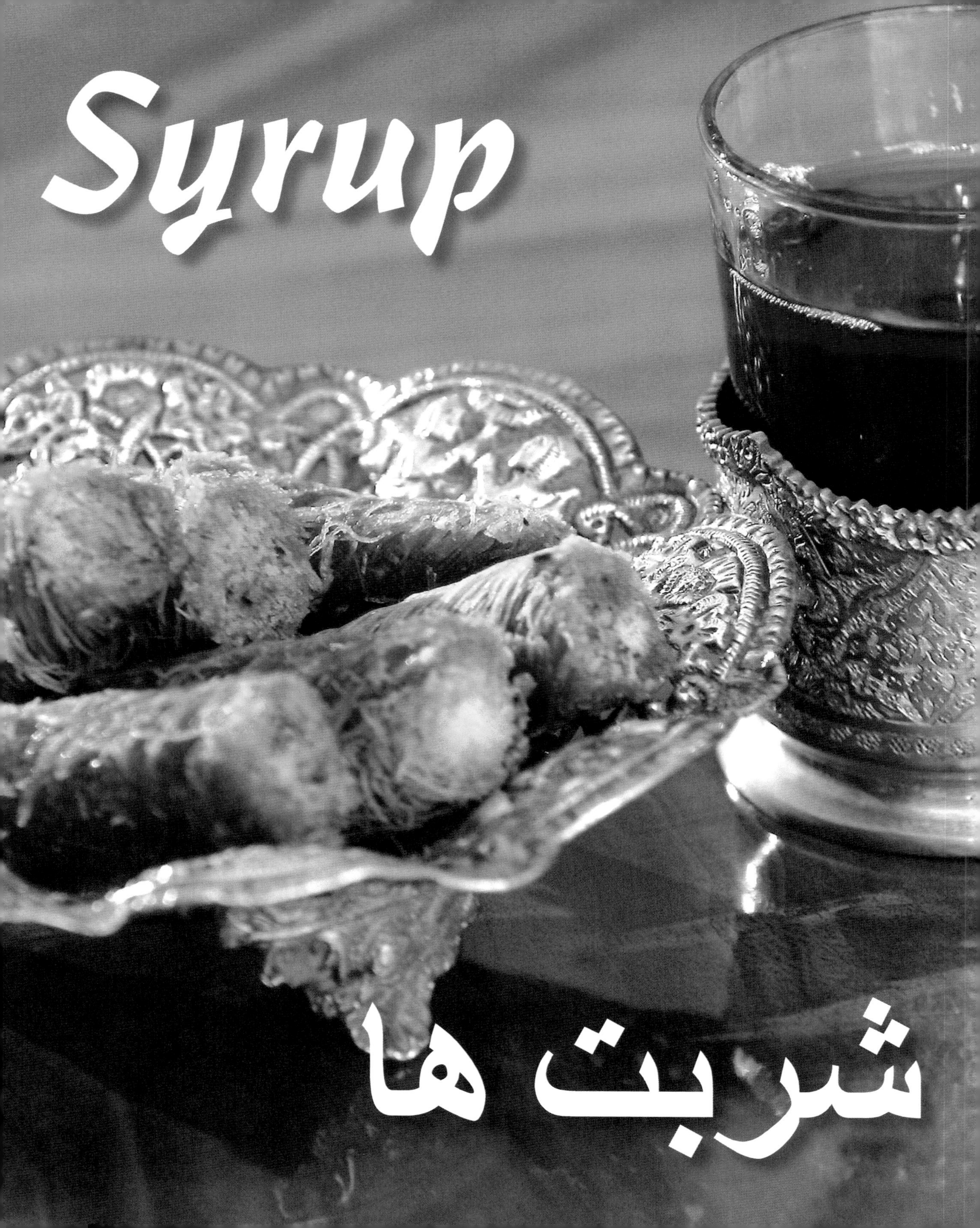

شربت ها

Syrup for baklava and other cakes

1 cup sugar
¾ cup water
½ cup rosewater
2 tablespoons honey
¼ of a lemon without the skin
¼ teaspoon ground cardamom
Method:
Bring the water and sugar to the boil and add rosewater, honey and lemon.
Stir and add the cardamom and boil until it turns into a thick syrup.
Remove from the stove and take out the lemon.
Allow to cool before using.
When sprinkling the syrup over the cake, do it in two or three turns so that it gets absorbed slowly.

Rose syrup

If possible try to get red, strongly scented roses for an aromatic syrup.
Pluck the petals, rinse and place them in a piece of gauze, tied up with a string.
At a ratio of 1:1, boil sugar and water and then place the gauze with the rose petals inside the pot and bring to the boil.
Add ½ cup of rosewater and allow to bubble two or three times before removing from the stove.
This syrup is great for all kinds of cream cakes, roulades and other moist cakes.
It is also possible to use it as a drinking syrup with some water.

Lemon syrup

For this syrup use fresh lemons.

1 cup water
2 cups sugar
1½ cups fresh lemon juice
1 tablespoon lemon zest, finely grated
Method:
Bring the water and sugar to the boil until almost thick.
Add lemon juice and if necessary, add more sugar.
Before removing from the stove add the lemon zest.
When cool, pour into a bottle or jar.
To use, add water.

شربت باقلوا

یک لیوان شکر
سه‌چهارم لیوان آب
نیم لیوان گلاب
دو قاشق عسل
یک چهارم لیموی ترش تازه
نیم قاشق مرباخوری هل سائیده شده

طرز تهیه:
شکر و آب را می جوشانیم. گلاب، عسل و لیموترش را اضافه می کنیم، بهم می زنیم، هل را اضافه می کنیم. هنگامی که قوام آمد از روی آتش برمی داریم، لیموترش را بیرون می آوریم، شربت را به تدریج و دو تا سه دفعه به روی شیرینی می ریزیم، و گر نه خمیر می شود.

شربت گل سرخ

اگر دسترسی به گلهای سرخ،رز آتشین معطر داریم، می توانیم از آنها بهترین شربت ها را درست کنیم. به این ترتیب که گلبرگها می چینیم، می شوئیم، که دارای حشرات نباشند، در تنظیف چهارگوشی می ریزیم، اطراف آن را با نخ بهم می بندیم، و به مقیاس مساوی آب و شکر را می جوشانیم و تنظیف را داخل دیگ شربت می اندازیم تا خوب بجوشد وقوام آید ، نیم لیوان گلاب اضافه می کنیم، و با دو تا سه جوش زدن از روی آتش برمی داریم.
از این شربت برای روی شیرینی های تر (خامه ای) و رولت یا انواع و اقسام کیک ها استفاده می کنیم. همچنین می توانیم این شربت را در آب بریزیم و از میهمانان پذیرائی کنیم.

شربت لیمو

(برای این شربت از آبلیموی تازه استفاده می کنیم.)

یک لیوان آب
دو لیوان شکر
یک و نیم لیوان آبلیموی تازه
یک قاشق پوست لیموی تراشیده نرم

آب و شکر را می جوشانیم، تا قوام آید. آبلیمو را اضافه می کنیم، هم می زنیم، می چشیم اگر شیرینی تر می خواهیم شکر اضافه می کنیم. قبل از آنکه از روی آتش برداریم، پوست لیمو را بیرون می آوریم. بعد از خنک شدن در بطری می ریزیم و هنگام استفاده با آب مخلوط می کنیم.

Syrup secanjebin for drinking

This drink is soothing on hot days and is good for restless people. It is served mixed with water.

½ cup vinegar
½ cup apple cider vinegar
1½ cups water
3 cups sugar
1 cup rinsed mint leaves
½ square meter clean white gauze

Method:

Place the chopped mint in the gauze and tie with a string.
Boil the vinegars and water together.
Add sugar and stir.
When the sugar is well dissolved place the mint "tea bag" into the pot.
Simmer on a medium flame until golden.
Remove from the flame, dispose of the "tea bag" and allow tocool.
When cool, place the mixture in a clean jar and close the lid.
When serving place a little in a glass and fill the remainder of the glass with water.
This drink is delicious served with some grated cucumber.

شربت سکنجبین

در روزهای گرم تابستانی، شکنجبین یکی از بهترین شربت ها است و با آب مخلوط می گردد. (برای کسانی نیز که از ناراحتی اعصاب دارند مفید است).

سرکه	نیم لیوان
سرکه سیب	نیم لیوان
	یک و نیم
آب	لیـوان
شکر	سه لیوان
برگ نعنای شسته	یک لیوان
تور شسته	نیم متر

طرز تهیه:

نعنای را در تور می پیچیم، و با نخ آن را می بندیم، سرکه و آب را با هم جوش می آوریم و شکر را به آن اضافه می کنیم و بهم می زنیم، موقعی که شکر خوب حل شد، نعنا را در دیگ می اندازیم و با آتش متوسط آن می پزیم. هنگامی که رنگ طلائی شد، نشان آن است که سکنجبین آماده شده است. نعنا را از شربت می آوریم و بعد از خنک شدن، در شیشه شسته و خشک شده می ریزیم، سر آن را می بندیم. روزهای گرم می توانیم از این شربت با خیار رنده شده از میهمانان پذیرائی کنیم.

Burekas pastry for special cookies

1 pound cake flour
450oz margarine
1 tablespoon oil
2 tablespoons vinegar
A pinch of salt
Water as needed

Method:

Mix the flour, salt, vinegar and oil together in a bowl.
Add water gradually until it becomes a soft dough.
Divide the margarine into 3 even sized pieces.
Roll out the dough with a rolling pin and spread one of the pieces of margarine on it.
Fold the dough, cover the dish with plastic wrap and refrigerate for 2 hours.
Roll out the dough again and spread another piece of margarine on it, fold and refrigerate for another 2 hours.
Repeat the process with the last piece of margarine.
The dough is ready to be used after the last 2 hours refrigeration.

خمیر هزار لا

یک پاوند   آرد
چهار صد
پنجاه اونس   مارگارین*
یک قاشق   روغن
دو قاشق   سرکه
مقدار کمی نمک، آب به اندازه کافی

طرز تهیه:

آرد، نمک و سرکه را در کاسه ای می ریزیم، بهم می زنیم، و کم کم آب اضافه می کنیم، تا خمیر نرمی بدست آوریم. خمیر را با نرده باز می کنیم، ثلث مارگارین را به روی خمیر می مالیم، تا می کنیم، در بشقابی می گذاریم، رویش را می پوشانیم و دو ساعت در یخچال می گذاریم. بعد از دو ساعت، خمیر را همان طور که تا شده است با نرده باز می کنیم، و یک سوم از مارگارین را می مالیم، دوباره تا می کنیم، می پوشانیم و در یخچال می گذاریم و بعد از دو ساعت این عمل را تکرار می کنیم، و بعد از شش ساعت حاضر برای استفاده می باشد.

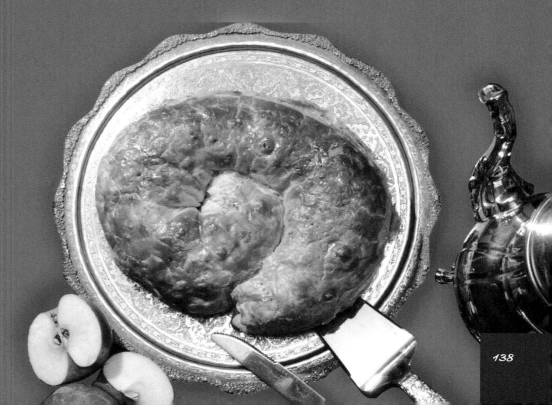

Saffron Dessert

3 cups sugar
150gr. low calorie margarine
2 cups rice pre-soaked for 3-4 hours
1/3 cup peeled pistachios
1/3 cup slivered almonds
1/2 cup rosewater
1/2 teaspoon ground cardamom seeds
1 teaspoon ground saffron
1/2 tablespoon ground cinnamon
5cups water

Method:

Fry the pistachios and slivered almonds in ½ a
tablespoon of the margarine and set aside.
In a stainless steel pot, boil the water and rice
and stir so that the rice won't stick together.
When the water is boiling, lower the flame and
stir from time to time.
When the rice is cooked add the sugar and
margarine and stir them in.
After 10 minutes add the rosewater cardamom
and saffron and cook until all the water has been
absorbed.
Place the rice in a serving plate and flatten it
with the back of a tablespoon.
Sprinkle the rice with cinnamon to make a
pattern and then garnish with pistachios and
   almonds.

شــله زرد

(برای جشن ها و شادی ها)

برنج خیس شده	دو لیوان
شکر	سه لیوان
مارگارین(کره کم کالری)	سه قاشق
پسته	ثلث لیوان
بادام خلال شده	ثلث لیوان
گلاب	نیم لیوان
مرباخوری هل سائیده شده	نیم قاشق
زعفران سائیده	یک قاشق
دارچین کوبیده	نیم قاشق
آب	پنج لیوان

طـرز تهیه:

پسته و بادام را با نیم قاشق مارگارین سرخ می کنیم و
کنار می گذاریم، در دیگ نروستا آب و برنج را جوش
می آوریم، بهم می زنیم، که نچسبد. آتش را ملایم می
کنیم و هر چند دقیقه ای برنج را هم می زنیم. هنگامی
که برنج نیمه پخت شد، شکر و مارگارین را اضافه
می کنیم و هم می زنیم. بعد از ده دقیقه گلاب، زعفران
و هل را اضافه می کنیم، و بهم می زنیم، تا که آب آن
تمام شود. در دیسی می ریزیم، با پشت قاشق صاف
می کنیم، با دارچین نقشه کاری می کنیم و با پسته و
بادام سرخ شده زینت می دهیم.

Small cookies from baklava pastry

Use the syrup recipe from the previous page.

1 pound baklava pastry
2 cups chopped pecan nuts
¾ cup sugar
¾ cup oil
1 teaspoon honey
½ tablespoon margarine
½ cup flour

Method:

Sprinkle flour on a table and divide the pastry into a few pieces.

Roll the pieces of pastry open with a rolling pin and sprinkle sugar and pecan nuts on the surface.

Roll up the pastry pieces and place on an oiled baking try.

Cut up the baking roll into small cookies without moving them from their positions.

Heat the oil, margarine, and honey and pour the mixture over the cookies.

Bake in a pre-heated oven for 20 minutes at 180 degrees centigrade.

Grill them for a further 5 minutes and remove from the oven.

Gradually pour the syrup over the cookies, if it is poured over in one go, it will become doughy.

Store the cookies in a sealed container, there is no need to refrigerate.

It is possible to replace the nuts with dates and coconut.

شیرینی ریز از خمیر باقلوا

(برای دستور شربت باقلوا به صفحه شربت ها رجوع فرمائید)

خمیر	یک پاوند
مغز گردو خرد شده	دو لیوان
شکر	سه چهارم لیوان
روغن	سه چهارم لیوان
عسل	یک قاشق مرباخوری
مارگارین	نیم قاشق
آرد	نیم لیوان

طرز تهیه:

روی میز کمی آرد می پاشیم، و خمیر را چند قسمت کوچک می کنیم و با نرده خوب باز می کنیم، با برس آشپزی کمی روغن مالی می کنیم، شکر و مغز گردو را به روی خمیر می پاشیم، و به شکل رولت می پیچیم. این عمل را همین طور برای همه خمیر و گردو انجام می دهیم. سینی کوچک که مناسب فر باشد با برس روغن مالی می کنیم، و قطعات رولت ها را در سینی به موازی هم می چینیم و با کارد آنها را به قطعات کوچک می بریم. روغن و مارگارین را با عسل داغ می کنیم و به روی قطعات شیرینی می ریزیم، در فر قبلا" گرم شده ۱۸۰ درجه مدت ۲۰ دقیقه می گذاریم، سپس برای پنج دقیقه با درجه کمتر در جای گریل می گذاریم، تا خوشرنگ شود و بیرون می آوریم، و شربت را به تدریج و دو یا سه مرتبه به روی شیرینی بعد از خنک شدن شیرینی می ریزیم. (دستور شربت در فصل قبل نوشته شده است) شربت را یکباره به روی شیرینی بریزیم، خمیر خواهد شد.

نگهداری در جعبه های سربسته و احتیاج به یخچال ندارد.

می توانیم این خمیر را با خرما و نارگیل چرخ شده نیز انجام دهیم.

Marzipan "mulberries"

2 cups ground almonds
1 cup ground sugar
2 tablespoons rosewater
1 teaspoon ground cardamom
2 tablespoons slivered pistachios or almonds
1/3 cup sugar

Method :
Mix the ground almonds, ground sugar, rosewater and ground cardamom together to form a paste.
Set aside for a few minutes.
Form the paste into the shape of "mulberries" and place a slivered almond as stalks.
Roll them in the sugar and place on a serving dish.

For marzipan "strawberries" follow the above instructions and add red food coloring.

To get 2 cups of ground almonds, place 450oz in boiling water, peel them and grind them.
The finer the almonds are ground, the better.

توت سفید درختی از بادام

دو لیوان بادام چرخ شده
یک لیوان شکر سائیده
دو قاشق گلاب
یک قاشق مرباخوری هل سائیده
دو قاشق خلال پسته یا بادام
ثلث لیوان شکر

طرز تهیه:

بادام چرخ شده و شکر سائیده شده و گلاب را در کاسه ای می ریزیم، و مالش می دهیم تا خمیر شود، بعد از چند دقیقه مکث، آنها را به شکل توت درختی درست می کنیم و از خلال پسته یا بادام برای دم توت ها استفاده می کنیم، در شکر می غلطانیم و در بشقاب می چینیم.

توت فرنگی

از همان خمیر استفاده می کنیم، منتهی برای قرمز بودن توت، از رنگ قرمز شیرینی استفاده می کنیم.

برای بدست آوردن دو لیوان بادام چرخ شده،
چهاروصدوپنجاه اونس را در آب داغ می ریزیم، پوست می کنیم، و چرخ می کنیم. البته هرچه نرم تر باشد بهتر است.

Watermelon and melon

½ cup sugar
½ cup rosewater
1 watermelon
1 melon

Method :

Cut the watermelon in half and prick the surface with the knife.

Mix the rosewater and sugar together.

Pour the rosewater and sugar mixture and leave it in the fridge for an hour.

With an ice-cream scoop, scoop out balls and serve.

Pour the juice of the watermelon over the balls.

Repeat the process with the melon, but remove the seeds before pouring the rosewater over it.

هندوانه و طالبی
(برای پذیرائی از میهمانان)

یک عدد	هندوانه	
دو عدد	طالبی	
نیم لیوان	گلاب	
نیم لیوان	شکر سائیده	

طرز تهیه :

هندوانه را از وسط نصف می کنیم و با کادر چند شکاف در شکم هندوانه ایجاد می کنیم. گلاب و شکر را مخلوط می کنیم، و با قاشق داخل هندوانه می ریزیم، به طوری که شکر و گلاب عمیق داخل هندوانه بشود. یک ساعت در یخچال می گذاریم و سپس با قاشق های قالب بستنی به شکل توپ های کوچک در می آوریم. در ظرف می چینیم و هر مقدار شکر و گلاب که ته پوست هندوانه می ماند به روی تکه های هندوانه می پاشیم. همین عمل را در مورد طالبی انجام می دهیم.

Small almond cookies

2 cups peeled and ground almonds
5 tablespoons plum jam
½ cup roasted pine nuts
1 cup castor sugar
1 tablespoon rosewater

Method:

Mix the almonds, castor sugar and rosewater
together and knead it with your hands until it
becomes doughey.
Set aside for 4-5 minutes and make small
cookies.
Heat the jam and roll the cookies in it.
Place on a plate and set aside to absorb the jam.
Roll the cookies in the roasted pine nuts and
place them on a serving dish.

شـیرینـی بـادامـی

دو لیوان   بادام پوست کنده و چرخ شده نرم
پنج قاشق   مربای آلو
نیم لیوان   صنوبر بو داده بدون نمک
یک لیوان   شکر سائیده
یک قاشق   گلاب

طرز تهیه:

بادام و شکر و گلاب را با هم مخلوط می کنیم، ورز می
دهیم، تا خمیر شود. مدت چهار - پنج دقیقه صبر می کنیم
و سپس از خمیر گلوله هائی به اندازه مغز گردوهای
کوچک درست می کنیم، مربا را کمی گرم می کنیم و
بادام های فرم گرفته را در مربا می غلطانیم و اطراف
بشقابی می چینیم، تا مربا را جذب کنند، سپس آنها را
در صنوبر می غلطانیم و در ظرف شیرینی قشنگی می
چینیم.

143

Rice Cake

2 cups of rice (rinsed)
1 ½ cups of sugar
4 cups of water
1 cup of milk
50 grams of butter
3 tablespoons rosewater
½ spoon saffron
3 oranges sliced in rounds with the skin
2 red apples halved and sliced with the skin
20 halved strawberries

Method:

Boil water and rice together.
When half boiled add the sugar and butter
and continue to boil stirring occasionally
until the water has evaporated.
Add the milk and stir until there is no liquid.
Remove from the stove and stir in saffron
and rosewater.
Pour into a dish in the shape of a cake and
decorate the surface with fruit.
Refrigerate for two hours until cold and solid.

کیک برنج

برنج شسته	دو لیوان
شکر	یک و نیم لیوان
آب	چهار لیوان
شیر	یک لیوان
کره	پنجاه گرم
گلاب	سه قاشق
زعفران سائیده شده	نیم قاشق
پرتقال نیمه حلقه بریده با پوست	سه عدد
سیب قرمز نیمه حلقه بریده با پوست	دو عدد
توت فرنگی نصف شده	بیست عدد

طرز تهیه:

برنج را با آب خوب می جوشانیم، نیمه پخته که شد، شکر و کره را به
آن اضافه می کنیم به پختن و ادامه می دهیم و بهم می زنیم تا آب آن کم
شود، سپس شیر را به آن اضافه می کنیم و بهم می زنیم، تا آب آن تمام
شود. از روی آتش بر میداریم. آنگاه زعفران و گلاب را به آن اضافه
می کنیم، و مرتب بهم می زنیم تا خوب با هم مخلوط شود. در ظرف
گردی به شکل کیک می ریزیم، و روی آن را با میوه های بریده شده
زینت می دهیم و در یخچال می گذاریم تا خودش را بگیرد.

Dried fruit in caramel

150gr. dried prunes
150gr. dried apricots
100gr. dried cherries
½ cup sugar
100gr. butter
½ tablespoon ground cinnamon
½ teaspoon saffron
½ teacup brandy

Method :
Melt the butter in a pot, add sugar and stir.
Add the fruit, cinnamon and saffron and stir.
Add the brandy and remove from the stove.

This can be served as a salad, during a meal, or as a dessert with a cup of tea.

میوه های خشک با کارامل

صدوپنجاه گرم	آلو سیاه
صدوپنجاه گرم	زرد آلوی خشک
صد گرم	آلبالو خشکه
نیم لیوان	شکر
صد گرم	کره
نیم قاشق	دارچین کوبیده
نیم قاشق مرباخوری	زعفران
نیم استکان	مشروب براندی

طرز تهیه:

کره را با آتش کم آب می کنیم و شکر را در روغن حل می کنیم و میوه ها را سرخ می کنیم. دارچین و زعفران اضافه می کنیم، براندی را می افزائیم از روی آتش بر میداریم. این را می توانید به عنوان سالاد سر میز غذا و یا بعنوان مربا هنگام چای میل فرمائید.

Pesach cake

5 matzas
¼ cup sweet wine
200gr brown chocolate
150gr white chocolate
4 tablespoons margarine or butter
2 egg yolks
6 tablespoons icing sugar
2 tablespoons rosewater

Method:

Melt brown chocolate and add 2 tablespoons of butter or margarine and mix well.
Add 3 tablespoons of the icing sugar and continue mixing.
Set aside until cool.
Add one of the egg yolks and stir in quickly until well mixed.
Add one tablespoon of rosewater and set aside.
Melt the white chocolate and repeat the same process with the other half of the ingredients.
Sprinkle wine over the matzas and cut in half.
Place one matza on a serving plate and spread evenly with the brown chocolate mixture.
Place another matza on top and spread with the white chocolate mixture.
Continue alternating until all the ingredients have been used up.
Decorate with the remaining chocolate mixture, refrigerate for an hour and serve.

Refer to instructions page for directions on how to melt the chocolate.

شیرینی پسح

پنج عدد مصا
ربع لیوان شراب شیرین
دویست گرم شکلات قهوئی
صدوپنجاه گـرم شکلات سفید
چهار قاشق مارگارین یا (کره)
دو عدد زرده تخم مرغ
شش قاشق شکر سائیده
دو قاشق گلاب

طرز تهیه:

شکلات قهوه ای را آب می کنیم، کره یا مارگارین را به آن می افزائیم و مرتب بهم می زنیم، تا خوب حل شود. سپس شکر را اضافه می کنیم و بهم می زنیم، کمی صبر می کنیم تا خنک شود. آن گاه یک زرده تخم مرغ را اضافه می کنیم، بهم می زنیم، تا مایه خوبی شود. آن گاه یک قاشق گلاب را اضافه می کنیم و بهم می زنیم و کنار می گذاریم. به همین ترتیب شکلات سفید را نیز درست می کنیم.
مصا را با شراب شیرین خیس می کنیم، از وسط دو قسمت مساوی می کنیم و در ظرفی با گذاشتن دو تکه مصا به روی هم شکلات قهوه ای و ردیف دوم مصا وشکلات سفید می مالیم و همین طور ادامه می دهیم. با مابقی شکلات روی شیرینی را زینت می دهیم.
برای طرز حل کردن شکلات به صفحه دستورات رجوع کنید.

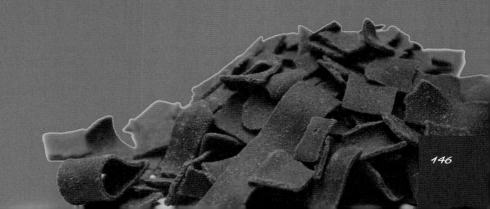

Halva

(made from flour)

1 cup flour
½ cup date syrup
150gr butter of margarine
1 teaspoon ground saffron
2 cups water
1/3 cup rosewater
1 teaspoon ground cardamom

For the decoration:
1/3 cup pine nuts
¼ cups shelled pistachio
½ tablespoon butter or margarine

Method:

Fry the pine nuts and pistachios for a second in the butter and set aside.
Brown the flour in a pan and allow to cool.
Add the water and mix into a batter.
Add date syrup and return to the stove on a low flame stirring continuously.
Add the butter and continue stirring until dissolved.
Add the rosewater, cardamom and saffron and stir.
Remove from the flame once it has thickened.
Place on a flat serving plate and decorate by making indentations with a knife.
Sprinkle the pistachio and pine nut mixture over the top.

حلوای آرد

دو لیوان	آرد	
نیم لیوان	شیره خرما	
صدوپنجاه گرم	کره، مارگارین	
یک قاشق مرباخوری	زعفران سائیده	
پنج لیوان	آب ولرم	
ثلث لیوان	گلاب	
یک قاشق مرباخوری	هل سائیده	

برای تزئین حلوا:

ثلث لیوان	صنوبر
ربع لیوان	پسته پوست کنده
نیم قاشق	کره یا مارگارین

طرز تهیه:

صنوبر و پسته را برای یک دقیقه در کره سرخ می کنیم، و از روی آتش بر می داریم و کنار می گذاریم. آرد را بدون روغن سرخ می کنیم و از روی آتش بر می داریم. کمی که خنک شد، در آب حل می کنیم که بهم نچسبد وسپس شیره را به آن اضافه می کنیم، و دوباره روی آتش ملایم می گذاریم و مرتب بهم می زنیم، کره را اضافه می کنیم، خوب که حل شد، گلاب، هل و زعفران می ریزیم، بهم می زنیم و از روی آتش بر می داریم، البته نباید آبکی باشد. در بشقاب تخت می ریزیم، با چاقو به روی آن فرم می دهیم، و با صنوبر و پسته سرخ شده نقشه کاری می کنیم.

شیرینی پنیر

بیست عدد	بیسکویت
یک لیوان	خامه
دو لیوان	ماست
پنج قاشق	ماست با چربی
سه قاشق	گرد ژلاتین
دو قاشق	گلاب
ثلث لیوان	شیر
نیم قاشق	مرباخوری پوست لیمو ترش تراشیده
نیم لیوان	آب جوش برای حل کردن ژلاتین
نیم لیوان	مربای تمشک یا آلبالو

طرز تهیه:

بیسکویت ها را در ظرف لبه داری می چینیم و به روی آنها شیر می ریزیم. در کاسه ایی ماست را بهم می زنیم، شکر و پوست لیموترش و گلاب را می زنیم، تا خوب با هم مخلوط شود. خامه را با خامه زنی به قدری می زنیم که سفت شود، آنگاه ماست را اضافه می کنیم، ژلاتین را در نصف لیوان آبجوش حل می کنیم و آن قدر بهم می زنیم تا خنک شود، آنگاه کم کم داخل ماست می کنیم، و بهم می زنیم تا خوب مخلوط شود.

ماست و کرم مخلوط را به روی بیسکویت ها می ریزیم، با پشت قاشق روی آن را صاف می کنیم و در یخچال مدت دو یا سه ساعت نگاه می داریم.

موقع قاچ کردن، به روی همه شیرینی مربا می ریزیم و سپس می بریم و سرو می کنیم.

Cheese cake

20 biscuits
1 tub of fresh cream
2 tubs yogurt
5 tablespoons cream cheese
2 tablespoons parve gelatin
½ cup boiling water
½ cup sugar
½ teaspoon lemon zest
½ cup cranberry or cherry jam
1/3 cup milk
2 tablespoons rosewater

Method:

In a pyrex dish, place the biscuits and pour the milk over them.
Whip the fresh cream and in a separate bowl mix together the cream cheese, yogurt, sugar, lemon zest and rosewater.
Then add the whipped cream and mix well.
Dissolve the gelatin in the ½ cup of boiling water and mix well until it cools.
Add it to the creamy mixture and mix it well.
Place the creamy mixture over the biscuits and smooth it over.
Refrigerate for 3 hours and serve with cherry or cranberry jam.

خرما و تخم مرغ

(به یاد روزهای سرد زمستانی در ایران که زیر کرسی می نشستیم و نان سنگک را بعنوان صبحانه می خوریم)

بیست عدد خرمای بی هسته
صدوپنجاه
گرم کره
چهار عدد تخم مرغ
چهار- پنج
برش کوچک نان سنگک تکه شده

طرز تهیه :

در تابه، خرما را در کره داغ شده سرخ می کنیم. تخم مرغ ها را می شکنیم، بهم می زنیم، نان می افزائیم و با خرما سرخ می کنیم، و داغ سرو می کنیم. مفیدترین صبحانه برای بچه ها است.

Date Omelet

In memory of those cold winter days in Persia, sitting under the Corsi, eating sangag bread with this kind of date omelet. This was the type of breakfast eaten in those days.

20 pitted dates
150gr butter
4 eggs
4-5 pieces of sangag bread

Method :

In a pan, fry the dates in the butter.
Break the eggs and scramble with the dates.
Place the pieces of sangag into the scrambled eggs mixture and fry.
Serve hot.
This breakfast is great for kids.

Chickpea cookies

1 pound chickpeas

450oz caster sugar

450oz margarine or soft butter

½ tablespoon ground cardamom seeds

¼ cup ground pistachio nuts

1 egg yolk

1 tablespoon rosewater

Method:

Mix all the ingredients together except the pistachios.

Cover and set aside for half an hour.

With cookie cutters, make shapes about 2 centimeters thick and sprinkle the top with the ground pistachios.

Place the cookies on a baking tray lined with baking paper.

Bake in a preheated oven for 10 minutes at 180 degrees centigrade.

When they are cool place them a sealed box.

Place the box in the freezer and enjoy these cookies ice-cold.

نان نخودچی

نخودچی آسیاب شده	یک پاوند
خاکه قند	چهارصد و پنجاه اونس
مارگارین یا کره نرم	چهارصد و پنجاه اونس
هل کوبیده	نیم قاشق
پسته کوبیده	ربع لیوان
زرده تخم مرغ	یک عدد
گلاب	یک قاشق
	چهار قاشق روغن

طرز تهیه:

غیر از پسته همه مواد را با هم مخلوط می کنیم، برای نیم ساعت می گذاریم بماند. سپس با قالب به شکل ستاره های کوچک به بلندی دو سانتیمتر در می آوریم به رویش پسته کوبیده می ریزیم، در سینی به روی کاغذ مخصوص شیرینی (پارگامنت) می چینیم، و در فرگرم که قبلا" با حرارت ۱۸۰ درجه گرم کرده ایم برای مدت ده دقیقه می گذاریم. بعد از ده دقیقه خنک شدن با احتیاط در جعبه شیرینی در دار می چینیم. اگر نان نخودی را بعد از فریز میل کنیم، خیلی خوشمزه تر می باشد.

Pickled

ترشی ها

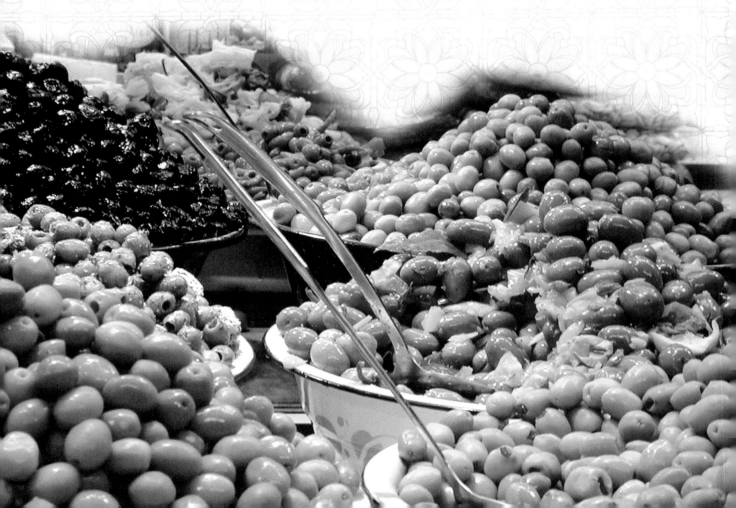

Pickled eggplants

Use baby eggplants.

10 eggplants
4-5 chopped cloves garlic
½ cup chopped mint
½ cup chopped parsley
4-5 small, red chopped chili peppers
3 whole cloves garlic
1 tablespoon olive oil
1½ cups vinegar
1½ cups water
1/3 cup red wine
3 stems of chopped tarragon leaves
1 tablespoon golpar powder
Salt and coarsely ground pepper
Paprika to taste
1½ liters water for boiling the eggplants

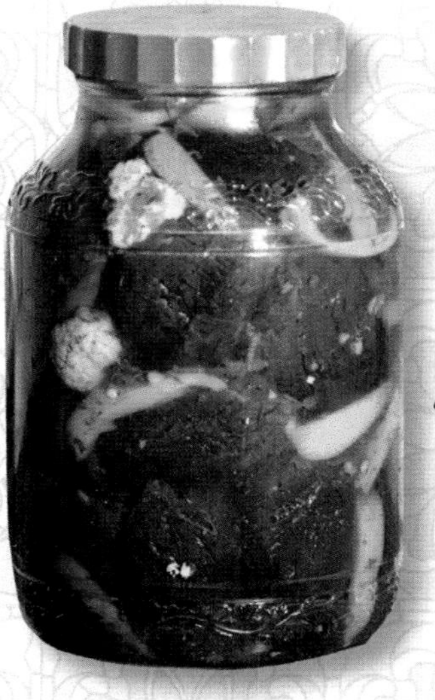

Method:

Cut off the stems of the eggplants and slice them on one side.
Fill a pot with the 1½ liters of water, bring it to the boil and add the eggplants.
Cook until they are a little soft.
Remove them and place in a sieve until all the water has drained.
Place the eggplants on a kitchen towel and leave overnight.
Boil the water and vinegar and remove from the stove.
Add salt, pepper and 3 cloves of whole garlic and set aside.
In a bowl, place the mint, parsley, salt, pepper, chopped garlic, golpar powder, paprika and olive oil.
Mix well and fill the eggplants with this mixture.
Place a row of eggplants in a pickling jar and sprinkle some of the chopped tarragon leaves on them.
Repeat and press them down with your hand.
Pour the vinegar and water mixture boiled earlier and wine into the jar and close tightly.
Store at room temperature for 2 days and refrigerate.
Serve after 2 weeks.

ترشی بادمجان

(برای تهیه ترشی از بادمجان های کوچک استفاده کنید)

ده عدد	بادمجان
چهار تا	
پنج حبه	سیر خرد شده
نیم لیوان	نعنای خرد شده
نیم لیوان	جعفری خرد شده
چهار تا	
پنج عدد	فلفل ریز تند خرد شده
سه حبه	سیر
یک قاشق	روغن زیتون
یک ونیم لیوان	آب
یک ونیم لیوان	سرکه
ثلث لیوان	شراب قرمز شیرین
سه شاخه	ترخون خرد شده
یک قاشق	گلپر کوبیده
یک ونیم لیتر	آب برای جوشان بادمجان ها
	نمک، فلفل نیمه کوبیده و پاپریکا

طرز تهیه:

شاخه های بادمجان ها را قطع می کنیم، آنها را از شکم قاچ می زنیم، به طوری که بتوانیم بعدا" داخل آنها را پر کنیم. آب را در دیگ ریخته جوش می آوریم، و بادمجان ها را می جوشانیم، تا قدری نرم شوند. آنها را در آبکش می گذاریم، تا آب آنها بچکد، سپس به روی حوله آشپزی قرار می دهیم و از شب تا صبح آن را باقی می گذاریم.

سرکه و آب را می جوشانیم، از روی آتش بر می داریم، نمک، فلفل و سه حبه سیر را داخل سرکه می ریزیم و کنار می گذاریم. در کاسه ای نعنا، جعفری، گلپر و فلفل، سیر خرد شده، پاپریکا و روغن زیتون را مخلوط می کنیم و داخل بادمجان ها می گذاریم. در ظرف مخصوص ترشی که از شیشه باشد، بادمجان ها را یک ردیف می چینیم، به روی آنها کمی ترخون و فلفل ریز تند می ریزیم، دومرتبه بادمجان وترخون و فلفل تند می ریزیم و با کف دستمان به روی بادمجان ها فشار می دهیم، آب سرکه و شراب را به روی بادمجان ها می ریزیم و هنگامی که خنک شد سر شیشه را می بندیم.

دو روز در حرارت آشپزخانه نگه می داریم، سپس در یخچال می گذاریم. ه بعد از دو هفته آماده مصرف خواهد بود.

Pickled onions

For this recipe use small onions.

2 pounds small onions
3 cups apple cider vinegar
¼ cup red wine
2-3 stems of tarragon ´
2-3 small red peppers
Salt and whole, black pepper corns

Method:

Peel and rinse the onions.
Place a cut into one of the sides of the onions.
Place in a sieve to dry for 2-3 hours.
Place the onions in a jar and put the tarragon leaves
on top of them.
Add, salt, pepper and red peppers.
Add the vinegar and wine and close the jar tightly.
Keep at room temperature and serve after 10 days.

پیاز ترشی

(از پیازهای کوچک استفاده می کنیم

دو پاوند	پیاز ریز
سه لیوان	سرکه سیب
ربع لیوان	شراب قرمز
چند شاخه]	ترخون
دو- سه عدد	فلفل تند ریز
کمی نمک و دانه های فلفل سیاه	

طرز تهیه:

پیازها را پوست می گیریم، می شوئیم، و از بغل آنها
با چاقو قاچ می دهیم، که هنگام ترشی سرکه به داخل
پیازها برسد، در آبکش می گذاریم، تا دو سه ساعت
خشک شود و خیس نباشد و گرنه خراب می شود.
پیازها را داخل شیشه های مخصوص ترشی می
ریزیم، شاخه های ترخون، فلفل ریز، نمک و فلفل سیاه
می ریزیم، سرکه و شراب را اضافه می کنیم، سر آن
را محکم می بندیم، و در حرارت آشپزخانه نگاه می
داریم. بعد از ده روز آماده مصرف خواهد بود.

Pickled garlic

People who suffer from high blood pressure or high cholesterol levels are advised to eat garlic.

If you use fresh garlic, rinse it well before beginning. It is possible to pickle the garlic whole or to separate the cloves. After rinsing, place in the sun for a day so that it dries out and doesn't start to sprout while it's being pickled.

Place the garlic into a jar. Add a tablespoon of salt, pour in vinegar to cover the garlic and close the jar tightly. The longer it stays in the vinegar, the better it is. It can even be kept for as long as a year.

سیر ترشی
(سیر برای رفع فشار خون و کلسترول مفید است)

طرز تهیه:

اگر از سیر تازه استفاده می کنیم، سیرها را می شوئیم. در صورت تمایل، می توانیم سیر را حبه کنیم و گرنه درست در آبکش می ریزیم، یک روز در آفتاب می گذاریم، که ترنباشد و گر نه هنگام ترشی سبز خواهد شد.

سیرها را در شیشه ای می ریزیم، یک قاشق نمک اضافه می کنیم، روی روی آنها سرکه خالص می ریزیم، سر شیشه را می بندیم.

سیر ترشی هر چه بیشتر بماند، خوشمزه تر و مفید تر خواهد بود.

Salted cucumbers

Choose small, fresh cucumbers that are more or less the same size.

10 cucumbers
2 tablespoons salt
5-6 stems of dill or tarragon
3 cups water
5 cloves garlic
4 small, red chili peppers
2 tablespoons vinegar

Method:

Rinse the cucumbers and arrange them in a jar with the garlic and chili peppers.
Bring the water, salt and vinegar to the boil and when cool, pour over the cucumbers.
Place the tarragon or dill on the top of the cucumbers and close the jar tightly.
Keep in a sunny spot for 2 days and refrigerate.
Serve after a week.

خیار شـور

(خیارهای کوچک و یک اندازه سبز و تازه انتخاب شود)

ده عدد	خیار
دو قاشق	نمک
٥ ـ٦ شاخه	شوید شسته تا (ترخون)
سه لیوان	آب
پنج حبه	سیر
چهار عدد	فلفل قرمز ریز تند
دو قاشق	سرکه

طرز تهیه:

خیارها را می شوئیم و با حبه های سیر و فلفل در شیشه ترشی می چینیم، آب نمک و سرکه را می جوشانیم، خنک می کنیم و به روی خیارها می ریزیم، ترخون و یا شوید را به روی خیارها می گذاریم، سر شیشه را می بندیم ، دو روز در آفتاب نگه می داریم، سپس در یخچال قرار می دهیم، بعد از یک هفته آماده مصرف خواهد بود.

ترشی کدو سبز

چهار عدد	کدو سبز گرد		
پنج حبه	سیر		
سه قاشق	چیلی تند و شیرین		
سه قاشق	گوجه فرنگی خشک در روغن		
چهار قاشق	ترخون خرد شده		
نصف فلفل	تند ریز خرد شده		
نیم قاشق			
مرباخوری	فلفل سیاه		
نیم قاشق	نمک		
یک قاشق	گلپر کوبیده		
نیم لیوان	سرکه		
نیم لیوان	شراب شیرین		

طرز تهیه:

سر کدوها را می بریم و کنار می گذاریم، آنها را از داخل خالی می کنیم، کمی نمک می پاشیم، و وارونه می کنیم تا آب آنها خارج گردد. تکه های داخلی کدوها را با دانه های سیر و گوجه فرنگی خشک ریز می کنیم، و در ظرفی با ترخون، سس چیلی، سیر و فلفل قرمز تند ریز شده با اضافه کردن نمک، فلفل و گلپر همه را با هم مخلوط می کنیم، و داخل کدوها را از این مایه پر می کنیم، تکه هائی که بریده ایم بر سر کدوها می گذاریم، در ظرف مخصوص ترشی جای می دهیم. شراب و سرکه را با چند دانه فلفل سیاه می جوشانیم، خنک می کنیم، و با احتیاط از کنار ظرف ترشی به روی کدوها می ریزیم. بعد از سه ساعت می توانیم سر ظرف ترشی را ببندیم. یک روز در هوای اطاق و سپس در یخچال می گذاریم. بعد از یک هفته آماده مصرف خواهد بود.

Round Zucchini Pickles

4 round zucchini
5 cloves garlic
3 tablespoons sweet and hot chili sauce
3 tablespoons dried tomatoes in olive oil
4 tablespoons chopped fresh tarragon
½ fresh red chili pepper finely sliced
½ spoon black pepper
1 tablespoon salt
1 tablespoon Golpar
½ cup white vinegar
½ cup sweet wine

Method:

Cut the top of the zucchini and set aside.
Empty the contents of the zucchini, place in a bowl and set aside.
Add salt to the zucchini shells and turn upside down to drain.
Dice the contents of the zucchini finely with garlic and dried tomatoes and return to the bowl.
Add the tarragon, chili sauce and sliced chili pepper, salt, pepper and golpar to the zucchini mixture in the bowl.
Fill the zucchini shells with this mixture and replace the tops on the shells.
Place the stuffed zucchini into a pickle jar.
Boil the wine, vinegar and a little black pepper and allow to cool.
Pour the liquid over the zucchini in the pickle jar and close only after 3 hours have passed.
For the first day keep the jar at room temperature.
Thereafter refrigerate for at least a week.

Pickled Jerusalem Artichoke

1 pound Jerusalem artichoke
½ cup vinegar
½ cup wine
4 cloves garlic
3 small chili peppers
½ tablespoon salt
A few whole peppercorns

Method:

Soak Jerusalem artichoke in water for 2-3 hours in order to remove soil.

Scrub well with a brush and rinse.

Cut according to taste and place them into a sieve to dry a little.

Place in a jar and pour all the ingredients over the pieces.

Close tightly and keep at room temperature for 4-5 days and serve with rice dishes.

ترشــی سیب صحرائی

سیب صحرائی	یک پاوند
سرکه	نیم لیوان
شراب	نیم لیوان
سیر	چهار حبه
فلفل تند ریز خشک	سه دانه
نمک	نیم قاشق
	چند دانه فلفل سیاه

طرز تهیه:

مدت دو تا سه ساعت سیب ها را در آب می اندازیم، تا گِل آنها پاک شود، و با برس آشپزی آنها را می سائیم، و خوب می شوئیم که گِل نداشته باشد. آنها را به ابعاد قطعه هائی که می خواهیم می بریم و در آبکش می ریزیم تا کمی خشک شود. آنگاه در شیشه مخصوص آنها را جای می دهیم، مابقی مواد را داخل شیشه می کنیم، سر شیشه را می بندیم، و در حرارت آشپزخانه نگهداری می کنیم. بعد از چهار تا پنج روز قابل مصرف خواهد بود.

Litteh (Assorted pickles)

These are the most delicious kind of pickles

1 cooked and chopped
1 slivered carrot
10 shallots
4 cloves chopped garlic
½ cup green beans
5 small green peppers
2 small red peppers
½ cup chopped tarragon
1/3 cup chopped marzeh
¼ cup chopped parsley
¼ cup chopped chives
1 tablespoon ground golpar
1 tablespoon salt
A little pepper
1/2 tea cup of red wine
Apple cider vinegar as needed

Method:

Mix all the ingredients in a bowl and place in a glass jar.
Add apple cider vinegar until it covers all the ingredients.
Store at room temperature for 2-3 days and thereafter place in the fridge.
Serve after 10 days.

لیته

(خوشمزه ترین ترشی ها و آسان ترین آنهاست)

بادمجان پخته ساطوری شده	یک عدد
هویج خلال شده	یک عدد
پیاز های شالوت ریز	ده عدد
سیر خرد شده	چهار حبه
لوبیا سبزخرد شده	نیم لیوان
فلفل سبز ریز	پنج عدد
فلفل قرمز ریز	دو عدد
ترخون خرد شده	نیم لیوان
مرزه خرد شده	ثلث لیوان
جعفری خرد شده	ربع لیوان
تره خرد شده	ربع لیوان
گلپر کوبیده	یک قاشق
نمک و کمی فلفل	یک قاشق
شراب قرمز	نیم استکان
سرکه سیب به مقدار کافی	

طرز تهیه:

در کاسه ای همه مواد را مخلوط می کنیم، نمک و فلفل می زنیم، و در شیشه ترشی می ریزیم و به قدری سرکه اضافه می کنیم که روی ترشی را بپوشاند.

دو تا سه روز در حرارت آشپزخانه می گذاریم، سپس در یخچال قرار می دهیم. پس از ده روز قابل مصرف خواهد بود.

drinks

مشروبات الكلى

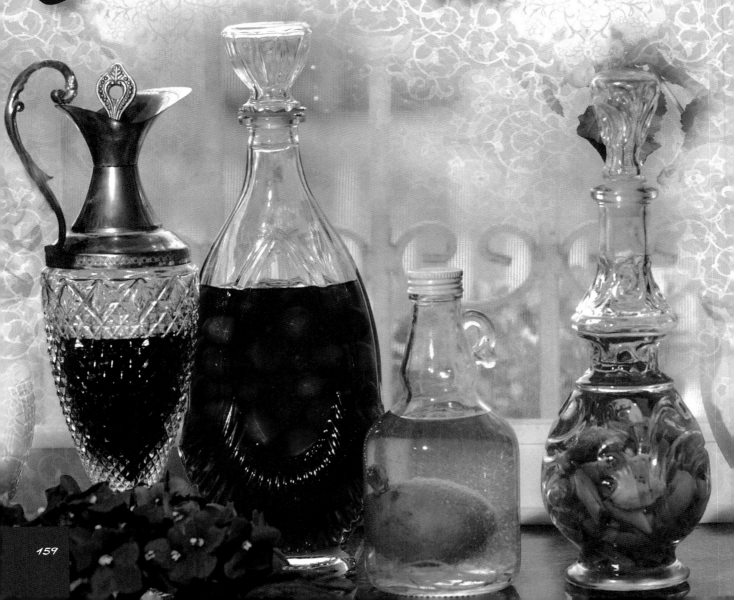

عرق آلبالو

یک بطری	عرق
یک پاوند	آلبالو ترش
پنج قاشق	شکر
یک قاشق	
مرباخوری	دارچین

طرز تهیه:

آلبالوها را می شوئیم، لای حوله خشک می کنیم، داخل شیشه مشروب می ریزیم، مابقی مواد را اضافه می کنیم، و مدت دو هفته در آفتاب می گذاریم، و سپس می توانیم آن را در حرارت اطاق نگاه داریم.

Sour cherry drink

1 bottle arrack
1 pound sour cherries
5 tablespoons sugar
1 teaspoon cinnamon

Method:
Rinse and wipe the cherries and place all the ingredients in a glass bottle.
Keep in the sun for 2 weeks.
Thereafter store at room temperature.

عرق مشکک

یک بطری	عرق و یا ودکا
دو عدد	انیس (شومار)

طرز تهیه:

قسمت داخلی و برگ های انیس را می بریم، خوب می شوئیم و در میان حوله خشک می کنیم، و به قطعات کوچک می بریم. در شیشه مشروب خوری می ریزیم، به روی آن ودکا یا عرق می ریزیم. بعد از دو هفته قابل استفاده است.

Anis drink

1 bottle vodka or arrack
2. fennel root

Method:
Cut open the fennel roots, rinse well and wipe them dry.
Place in a glass serving bottle and pour the vodka arrack over the fennel pieces.
Leave for two weeks and serve.

Spicy drink

1 tablespoon cinnamon
1 teaspoon saffron
½ tablespoon ground ginger
½ teaspoon ground cardamom
1 bottle vodka or arrack

Method:
Mix all the ingredients together and drink after one month.

Mint Arrack

This Arrack is good for stomachaches and gas pains.

Rinse ½ cup of fresh mint leaves (not chopped).
Dry them and place them in a glass serving bottle.
Pour Arrack over the mint leaves.
Ready to drink after 15 days.

Parsley Arrack

As with the mint Arrack, rinse ½ cup fresh parsley leaves (not chopped).
Dry them and place them in a glass serving bottle.
Pour the Arrack over the parsley leaves.
Place the bottle in the sun for one month.

For those who suffer from leg pains, it is recommended to rub onto the legs.

Saffron Arrack

½ tablespoon saffron
½ cup sugar
1 bottle Arrack
Mix all together in a glass serving bottle.

عرق ادویه

یک بطری عرق یا ودکا
یک قاشق دارچین کوبیده
یک قاشق
مربا خوری زعفران
نیم قاشق زنجبیل کوبیده
نیم قاشق هل کوبیده

طرز تهیه:

همه موادها را در شیشه ایی میریزیم
و مشروب بروی ادویه میریزیم وبعد از یکماه
قابل استفاده میباشد.

عرق نعنا

این عرق برای کسانی که گاز معده
و یا شکم درد دارند مفید است.
به این ترتیب که مقدار نیم لیوان
برگ نعنا را می شوئیم، با حوله
خشک می کنیم، در بطری می
ریزیم و به روی نعنا عرق اضافه
می کنیم. بعد از پانزده روز آماده
استفاده است.

عرق جعفری

این عرق را همانند عرق نعنا
درست می کنیم، یک ماه در آفتاب
می گذاریم. این عرق را کسانی که
از درد پا در رنج هستند، از مالیدن
آن استفاده می کند.

عرق زعفران

زعفران	یک قاشق
	یک ونیم
شکر	لیــوان
عرق	یک بطری

همه را در یک شیشه مخلوط می
کنیم و بهم می زنیم. بعد از ده روز
آماده استفاده خواهد بود.

Lemon Arrack

If you have a lemon tree in your garden, one should take advantage of it.
Make use of a decorative glass bottle, to make this delicious and healthy drink.
Rinse the bottle and with a string, tie it to a branch of the lemon tree that has some flowers at its end.
After 3-4 months, the flowers will have turned into a lemon growing in the bottle.
When the lemon becomes yellow, cut the twig off leaving the lemon inside the bottle.
Pour Arrack into the bottle and serve after 20 days.

عرق لیمو ترش

اگر در منزلی زندگی می کنید، که درخت لیمو ترش دارد، بهتر است از این درخت استفاده کنید، و با داشتن بطری قشنگی مشروب خوشمزه و مفیدی تهیه نمایند.
بطری را خوب می شوئیم و به شاخه درخت که دارای گل لیمو است آویزان می کنیم و با ریسمانی آن را به درخت می بندیم، به طوری که گل لیمو در داخل بطری قرار گیرد.
بعد از مدت سه تا چهار ماه گل تبدیل به لیمو می گردد، و هنگامی که لیمو در داخل بطری بزرگ گردید و به رنگ زرد درآمد، شاخه را از لیمو جدا می کنیم، بطری را از عرق پر می کنیم و استفاده آن بعد از بیست روز تا یک ماه خواهد بود.

Pomegranate Arrack

1 bottle of arrack
2 pomegranates (use only the seeds)
½ cup sugar
1 teaspoon saffron

Method:
Mix all of the ingredients together and place in a bottle.
Keep it at room temperature for 1 week.

عرق انار

یک بطری عرق
دو عدد انار دانه شده
نیم لیوان شکر
یک قاشق مرباخوری زعفران

همه مواد را در شیشه مشروبی می ریزیم، مدت یک هفته در آفتاب نگاه می داریم. با گذشت یک ماه، آماده مصرف خواهد بود.

Citron Arrack (Atrog)

This is a sacred fruit for the Jewish people. It is good for many ailments.
You can make a really great alcoholic drink from this fruit by rubbing the citron with sugar cubes in order to remove its bitter taste.
Chop it into cubes and place them in a bottle.
Pour arrack over the citron cubes and store at room temperature for 2-3 weeks before use.

عرق اتروق

به خاطر بی مانند بودن این میوه از لحاظ تقدس در بین یهود، خیلی از دردها را می توانیم با این میوه مداوا کنیم.
همچنین می توانیم یکی از بهترین مشروبات الکلی را از اتروق تهیه کنیم- به این ترتیب که پوست ایتروق را با قند می سائیم، و قاچ می کنیم ، در بطری می ریزیم، و به روی آن عرق اضافه می کنیم و بعد از دو یا سه هفته قابل استفاده می باشد.

- If you cook the food on a low flame, it is tastier.

- If the quantities written seem too much, it is possible to half them.

- After a while, jam may form hard sugar crystals because there is too much sugar. In this case, add some boiling water and bring it to the boil.

- If the jam jar is not clean, the jam will spoil.

- While cooking the jam don't cover the pot.

- Cook the jam in an enamel or stainless steel pot.

- Golpar, saffron, sumac, zereshk, Persian limes, onion flakes, cumin and turmeric are spices that are used in Persian dishes.

- During Pesach one can substitute breadcrumbs with Matza ground in a Magi mix.

- To grind the nuts and raisins for concoction, use Magi mix.

- Grind saffron in a coffee grinder with a little sugar.

- To peel the Egyptian broad beans a second time, place them in salt water for 10 minutes.

- To keep strawberries well, place them in a covered stainless steel pot, in the fridge.

- To keep herbs well, place them in a covered stainless steel pot, in the fridge.

- If you use old eggplants, use less oil for frying.

- Flowers that can be used for garnishing that are edible are pansy flower, parsley flower , citrus flowers, rose petals and zucchini flowers.

Tips

In order to be successful in cooking one needs patience and love.

- To melt chocolate, break it into small pieces and place in a bowl. Place the bowl into a pot of boiling water on the stove and stir the chocolate until it melts.

- It is also possible to microwave it or place the chocolate pieces in a bowl and pour boiling water over it. Don't mix. The chocolate will melt from the heat of the water. Pour the water out and you have melted chocolate ready for use.

- When cooking soup, stir it a few times, check that there is enough water and taste to see if there is enough seasoning.

- It is possible to freeze and store cooked beans.

- 180° Celsius = 340° Fahrenheit

- 1 cup = 16 tablespoons

- The Persian way to cook rice is to soak it in water, with a little salt 2-3 hours before cooking. Cook the rice in a Teflon pot because it is less likely to burn and the rice cooks much better. While boiling the rice, stir it so that it doesn't stick.

- The best way to clean a Teflon pot is to use vinegar.

- To cook beef, you can use a pressure cooker, for 45 minutes to 1 hour. Note that when using a pressure cooker, after removing it from the stove you should wait for a few minutes before opening it.

- For the meat to be kosher, firstly boil the meat or chicken and pour the water out, rinse the pot and then use it.

Rices

Stuffed

Jam

Sweets

Pickled

Alcohol drinks

contents

Biography of the author

Hello and warm greetings to my readers

I thank you for purchasing my book.

After my departure from Iran in 1963, I started working as a social worker committed to helping those in need. I never relinquished my Iranian heritage and took great pride in introducing myself as a Persian.

Now, in my golden years, when my children are older and have children of their own, I found a yearning within, to introduce the unique, healthy and wonderful food and traditions of Iran to people around me.

To my great delight, my first cooking book was published in 2002 and I'm happy to write it was a great success, opening the door for people around the world to experience Iranian cuisine. 3 more books soon followed introducing further food delights.

I present this book to you, in the hope that the food and traditions will pass on to your homes and hearts and you will experience the warmth, laughter and love which I wish to pass on to you through love of good food.

(Don't forget to read each recipe twice before beginning)

Please visit my
website for more information and further recipes:
YouTube video's under Vida Leevim's cuisine

I wish you all success and health,

Yours, Vida

KIP - Distribution
ISBN 978-965-7589-09-0

VIDA Leveim

Photogrpher: Gerry Abramovuch
Foods Stylist: Vida Leveim

CW00543915

با سپاس ویژه برای منشه امیر

به خاطر همدلی ها و یاری های صمیمانه اش

دیدا لوئیم

My Sincere graduate to
my wonderful cousin Forough Hassid,
For lending me her support in
so many ways.